大江健三郎传

王建湘◎著

时代文艺出版社

图书在版编目（CIP）数据

大江健三郎传 / 王建湘著 . —2版 . —长春：时代文艺出版社，2016.4（2021.5重印）

ISBN 978-7-5387-5109-3

Ⅰ . ①大… Ⅱ . ①王… Ⅲ . ①大江健三郎－传记Ⅳ . ①K833.135.6

中国版本图书馆CIP数据核字（2016）第001685号

出 品 人　陈　琛

责任编辑　徐　薇

装帧设计　孙　利

排版制作　隋淑凤

大江健三郎传

王建湘　著

出版发行 / 时代文艺出版社

地址 / 长春市福祉大路5788号　龙腾国际大厦A座15层　邮编 / 130118

总编办 / 0431-81629751　发行部 / 0431-81629755

官方微博 / weibo.com / tlapress　天猫旗舰店 / sdwycbsgf.tmall.com

印刷 / 保定市铭泰达印刷有限公司

开本 / 710mm×1000mm　1 / 16　字数 / 150千字　印张 / 12

版次 / 2016年4月第2版　印次 / 2021年5月第2次印刷　定价 / 39.80元

图书如有印装错误　请寄回印厂调换

授奖辞

Award-winning Remarks

诗的力量创造了一个想象的世界，并在这个想象的世界
中将生命和神话凝聚在一起，刻画了当代人的困惑和不安。

——诺贝尔奖委员会

目录
Contents

附 录

大江健三郎传

　　大江在不少随笔中都说过，自己从小就是个
"爱做梦的少年"，是"书虫"，是"文学少年"
和"文学青年"。显然，他也写过诗和散文。然
而，这些东西却像是"虚构"的一样，至今为止
的大江研究中没有只言片语提到过它们。大江从年
轻时就持有这样的信条：即所谓文学，其到达之处
常常会超越其作者（或是诗人或是作家）的意识。
他总是在梦想，这个信条能否也在自己身上应验，
如果能够应验的话，那就太好了。他说："除了写
小说之外再无能事的我，就在这个梦境中生活至
今。"

　　大江经历过生活于森林小村庄的自然环境、日
本遭受原子弹轰炸以及家中残疾儿的三重生活体
验，大江把这些生活体验作为文化问题综括起来思
考，这便成为他探讨人类追求生存愿望的根源，以

及他取之不尽的创作的源泉和永恒的主题。

从试图逃避苦难到勇于承担苦难的心理历程，这历程像但丁的《神曲》一样崎岖而壮丽，他在承担苦难的过程中发现了苦难的意义，使自己由一般的悲天悯人，升华为一种为人类寻求光明和救赎的宗教情怀。

他在作品中，尽力发挥日本传统文学的丰富想象力、日本古老神话的象征性和纯粹的日本式语言和文体的特色，将战后日本史转型期的重大社会和政治问题形象化地表现出来，并积极探索人在今天是如何拓展自己的生存空间的。大江一直坚持着一个创作态度，它的基础是这样一个原理——"只要人是历史性生物，那么，理所当然，文学的作用就是创造包含着过去与未来的同时代，以及生活在其间的人的典型。"

从森林或山谷村落出发，最终又回到森林或山谷村落里，永远周而复始地以这些传统的东西，扩展为文学的空间，从实质上说，拓展为更具文化内涵的社会空间乃至时代空间，并且加入日本神话和东方的神秘哲理：再生拯救，从而使创作既获得独自的、更为丰富的想象力，又紧密地贴近本土、时代和社会。

著名作家铁凝曾这样评价到："生于日本四国森林的大江健三郎，通过他的文学生涯和他的鲜明人生，以穿越时空的刚健而又轻灵的笔触，以彻底的自由检讨的姿态，以对日本、对亚洲、对世界、对人类永不疲倦的严厉的审视与希冀，把他人生中明亮的忧伤，苍凉的善意、克制的温暖和文学中积极的美德呈现给读者。"这一评价文采斐然而有精准独到。

大江非常重视作家的历史使命和社会责任感，并把它作为作家自我实现的一种方式，他透过自己独特的文学世界，坚忍地追问日本和日本人存在的意义。可以说，大江在想象力的世界里，表述了自己对现实的看法，并实现了他的文学主张。他从大学时代登上文坛之后，一直笔耕不辍，创作出了多部经典之作，他就像一棵燃烧着的文学绿树，永远焕发着勃勃生机。那么到底是一种什么力量，支撑着大江先生不懈地创作？我想那就是一个知识分子难以泯灭的良知和他自己所称的——"我是唯一一个逃出来向你们报信的人"的责任和勇气。

中国读者喜爱大江，不仅仅因为他的作品，还由于他的良知和人格魅力。这位诺贝尔文学奖得主，2005年在反法西斯战争胜利60周年的纪念日里，在各种场合不断发出正义的呼唤，反对日本政府修改《宪法》和平条款，"为小泉参拜靖国神社感到耻辱"。他自称是"战斗型的人道主义者"。他说："日本的文学家擅长描写美，比如川端康成、谷崎润一郎等，我也能表现美的事物，但我也表现斗争，这是我的生活方式。"

本传记主要讲述了大江健三郎的生平经历，分为十个章节，包括他的童年生活、中学时代、大学生涯、幸福与磨难同在的家庭，在广岛的痛苦思索、"死亡意识"下的呼唤、"再生"的领悟、世纪末诺贝尔奖的光临、新世纪对孩子们的关注以及他的中国情缘。故事性较强，语言通俗易懂，旨在让更多人了解与关注这位"呼唤"人类生存的诺贝尔奖得主。

大江是继川端康成之后的第二个获得诺贝尔文学奖（1994）

的日本作家，这位来自四国岛爱媛县喜多郡大濑村的"森林之子"，一生都致力于"呼唤"，呼唤人类的友爱、责任和制止核战，呼唤人类的和平。作为一个荣获诺贝尔文学奖的日本作家，大江健三郎以自己的方式解读着人类生存的哲学，寻求着新生的精神家园。

第一章、来自森林深处的孩子

1. 小诗人，怪小孩

1935年1月31日，大江健三郎在四国岛爱媛县喜多郡大濑村（今内子町大濑）出生。大濑村坐落在丘陵重叠的峡谷森林之中，远离了城市的喧闹，四周由茂密的森林环绕，村前小溪潺潺流淌。在这样一片峡谷森林里，有着日本人作为自然神信仰的树木，有着日本传统文化结构的家和村落。

森林在所有日本人的心中具有无穷的神秘力量，日本人信奉森林既是人类的发源之地，也是生命的归宿之地，相信自然界的平等和再生的理念，把树木当作神灵信奉。因为古代日本人生活在森林中，并从中获取生活物资，由于生存必须依赖和利用森林，所以对森林抱有深深的亲切和敬畏，这样就逐渐产生了与森林相关的各种习惯风俗、宗教仪式、神话故事和民间传说。

正是这种带有浓郁原始气息的森林峡谷的自然环境、民间习俗和生活经验让大江这个来自森林深处的孩子，拥有了色彩斑斓记忆的童年和少年时代。大江对这绵延不绝、遮天蔽日的森林有着与生俱来的亲切感，他自称为"森林之子"。大江回顾自己的历史时说过："四国的森林峡谷之村——是我可爱的故乡……我的一切情感皆来源于此……在不断创作的过程中，我发现自己小说中描绘的世界不知不觉地成为支撑我的精神力量，四国的森林则成为我创作的源泉。"可以说，四国的森林文化是他的根，是他创作的起点。

大江健三郎家一共有七个兄弟姐妹，在大江上面还有两个哥哥、两个姐姐，他是家里的第三个男孩，他下面是一个弟弟和一个妹妹。大江生长的"峡谷村庄"盛产大米、大豆、纸、鲇鱼等物产，大江家在当地属于相当"上层"的家庭，其祖辈在江户时代就以武士身份采购山中特产，到了明治时期仍然继承祖业并从事造纸业，就是从农民手中购买做纸的材料三桠，经过加工之后，送到内阁印刷局作纸钞用纸。因此，殷实的家庭条件为大江能够一直读书上学提供了保障。

大江家也算是书香门第，其曾祖父曾在大洲藩教过学，虽只处于汉学者的最基层，但这并不深厚的学养随着血脉传承下来。大江的父亲很珍惜《论语古义》以及《孟子古义》等书，经常研读，家里也收藏了一些其他门类的书，这使大江在少年时就能够较早地接触到瑰丽神奇的语言世界。

大江自小热爱森林，热爱自己的故乡，喜欢长时间地观察森林里的事物、倾听森林里的声音。故乡的环境也触发了大江对世界万物的感知能力。对于少年大江而言，自幼所生活的"峡谷村庄"究竟是一个怎样的地方呢？他曾在故乡的大濑中学落成典礼上的演讲中说："当我还是小孩的时候，当时战争打得正激烈，我就在想，为什么我的祖先们会选择来到这么一个深山老林，然后，我又觉得祖先们选择这个地方是理所当然的，因为这里真的是个好地方。然后，我就深深地吸一口甜美的空气，怀念着眼前的风景。"

太平洋战争爆发的那一年，也就是1941年（昭和十六年）的4月，大江进入了大濑国民学校上学。在大江上国民学校四年级时，发生了一连串对他来说非常重要的变化。

首先，他发现了何为"思考"。那时，他认为人们只要进行思考，便能够在转瞬间做出回答，一如电子计算机那样，只要按下键钮，无论三次方程式还是其他什么问题都可以即时解答出来，他觉得这就是所谓思考，就是运用像是上苍降赐的能力进行回答，因而尊敬能够当场如此答复的人。可他发现自己却是那种不慢吞吞思考就无法得出结论的无能之辈。他注意到，唯有运用语言并将其一个个累积起来并使之不断清晰和加强，才是在进行思考。

也是在那一时期，他意识到自己并不是一个仔细观察事物的人。那时学校组织学生步行一个小时左右前往海边的一个小镇，远足归来后，老师让每个人写一篇有关大海的作文。大江是这样写的："我为自己生活在山里而感到庆幸。假如我家在海边的话，波浪就会总在眼前滚动，涛声也将回响在耳边，那可就无法安静地生活了。"于是老师就告诉他："对于居住在海边的那些人，你所写的这些内容是很失礼的。"老师还说，"我是第一次来到这个村子并在这里生活，却觉得山村里的人粗粗拉拉、吵吵闹闹。"

大江对老师的话语感到很不满，回家后一直在想这个问题，气得连晚饭也没能吃下去。早晨起床后，肚子早已经空空荡荡，大江便沿着他家屋后那个叫作弯拐河滩上的铺石小道，往下面的河滩走去，顺便摘下柿树上已经成熟的果子吃了下去。他一边吃着那柿子，一边看着河对面的山体。四周好像并没有起风，可山林中树上的枝头却在摇摆，树梢也在摇摆。此前大江认为静止不动的山林，却在如此摇曳、摆动。接着，他转而注视眼前的柿树树叶和细小的枝条，它们已经被露水打湿，而自己正映现于那露水之上。看着眼前的景象，他意识到此前从不曾认真观察过，也不曾仔细倾听过，却深信不疑地认为山中是寂静和静止的。大江少年无意间注意到柿树枝头闪烁着光亮的水滴，"受到了使得自己的生活方式足以发生巨大变化的影响。"也就是说，"显然，我借助那微微颤动着的柿树叶片，发现了围拥着峡谷的那座森林的整体状态。如果我总是不去细加观察的话，这一切便不值一提，换言之，便都是一些死物。因此，我现在无法不去注视那些树木和小草。于是，作为被周围深深吸引了的心不在焉的孩子，我被国民学校的校长给盯上了，几乎每天都要遭到殴打。尽管如此，我也不打算改变自己生活方式中的这个新习惯，及直到战后，在长时间凝视着观察雨水的水滴之后，写下了自己人生中的第一首'诗'。"

这首诗就是后来广为人知的以下四行：

　　雨水的水滴上

　　映照出外面的景色

　　水滴之中

　　另有一个世界

这个用眼睛仔细观察世界的儿童——大江健三郎，这个小诗人，早在刚满十岁的时候，他的诗就已经存在于世了。大江曾说"小时候我在树上做了一个小木屋，我把它叫作'我的图书馆'。"被老师叱责是一个转机，使得他体会和觉悟到"如果不认真观看，就等于什么也没看"。这就是大江自己发现的，这就是他少年时代的智慧。此外，大江早早地意识到了一个问题——要把自己看到以及想到的事物，用语言表述出来。

在那之后，大江便开始热心于观察外界事物，以至被大家说"只要和大江一起行走，他不一会儿就停下脚步，或是观看或是倾听，真是个滑稽的家伙"。

不仅仅如此，在其他小孩的眼里，少年的大江还是一个十足的"怪小孩"，因为他总喜欢把从祖母那儿听来的"奥福故事"加以想象编排，再说给其他孩子听。当时周围的小孩子还在热衷于玩跳房子、捉迷藏，或是舞枪弄棍，或是玩打陀螺、拨纸牌，对于"普通的孩子"来说，他们最关心的就是"日常发生的事情"也就是"现实"，而大江却满嘴"奥福故事"，所以，也不难想象，他们对这个少年肯定是敬而远之，把他当作怪物看待了。更何况，当时那些"下层"人家的孩子们放学回家之后，大部分的时间都要帮家里做事，而在国民学校上学的大江是"上流"人家的三少爷，还非常"能学习"，当时的小孩子们自然是没有闲工夫去听这种孩子编的"瞎话"。而且老师们的情况也差不多，在当时日本的国民精神总动员体制之下，教师们要努力实行"皇民化教育"，"培养能够为天皇去死的优秀的士兵和能够守住大后方的女子"，所以，在他们看来，那个老是唠叨着犯上作乱的"奥福骚动"的孩子，简直就是来自外星球的怪物。所以，大江被当作是一个"满嘴谎话的孩子"，受到大家的孤立，也是非常自然的事情了。

无论是哪个时代，与众不同的人都会受到"共同体"的排斥，排除"异端"从来都是"共同体"的存在方式也是它的原则，但往往是"异端"最终能取得一番令人惊异的成就，古往今来，伟大的人物不都大抵如此吗？

少年大江被学校和孩子们的"共同体"排除在外。但是，大江的母亲，这位"峡谷村庄"里的家长，竟然从东京的出版社那里订购了《哈克贝利·费恩历险记》和《尼尔斯骑鹅旅行记》给大江看，这一方面说明这位慧心的母亲具有较高的修养和经济上的能力，另一方面也体现了她对受到孤立的少年大江的一种安慰。从此，大江遇到了"文学"。

2. 直觉下的语言世界

大江是一个对语言极其敏感的孩子。在爱媛县喜多郡大濑村，身为孩童的他就能感觉到村里存在着两种语言。一种是每天说话的语言，在他的印象中，这种语言是作为那些没有权利的弱势者的语言而被创造出来的。

有一件事情让他印象深刻。当时还处于战争时期，大江家从上代传下来的行业，是把作为纸币原材料的叫作黄瑞香的那种植物的纤维进行精制并交送内阁印刷局。为了把这些原材料交送出去，需要将其做成具有一定重量和体积的捆包。大江的父亲为此设法制作了一台设备，用那台设备捆包，有关方面决定将其作为爱媛县"大后方"民间产业的一个小小实例进行展示。这引来了县政府知事的视察。很自然，用设备捆包的过程需要演示。

事实上，在实际工作时，那台设备需要两个人从两侧保持压力的平衡，可当时正处于战争时期，大江家里除了他的父亲，其他从事体力劳动的人都被征集走了，他的父亲表示独自无法完成演示。同知事一起来的警察署长却用"你这家伙，给我演示！"或是"给我演示！"这样的语言来命令他的父亲。大江的父亲处于弱势一方，尽管他心里赌气，但是在权势者的语言之下，他开始操作那设备。此时的大江，站在父亲身边，用孩子的眼睛观察着眼前的一切，父亲的失语让善感的他意识到了弱势者无力反抗的语言的卑屈感。这件小事震撼了幼小孩子的心灵，几句日常生活中的语言让大江潜意识里感受到用这样的语言交谈是不行的，是无法让人进步的。

和所有村庄的孩子一样，大江也特别喜欢听大人讲故事。他的母亲与祖母便承担了讲故事的角色，于是听故事成了大江的趣事之一，这也让他发现了另一个语言世界。母亲与祖母这些在平常生活中使用口语体语言的人在讲述故事的过程中则使用了另一种语言。相比平时她们讲述事实乏味重复的语言，讲故事时她们语言的丰富与清晰完全超越了大江的想象。大江有意识地开始注意她们叙说故事的方式，并惊奇地发现母亲与祖母这种有选择的叙说方式能让他产生兴趣，这些都让他有记录下故事内容的冲动，事实上他确实也完整记录下了母亲与祖母所说的那些话。

大江老家的主屋后，有一间独立的小屋子，就是在这间小屋内，母亲和祖母用唱歌一般的语调向小小的大江讲述物语故事以及传说。大江觉得极为有趣，非同寻常。大江祖母的名字叫Fudei（毛笔之意），祖母曾用透露秘密的口吻告诉大江，自己是为了记录这森林里所发生的事情才出生的。发生在四国森林峡谷中的两次农民起义就是祖母给大江讲述的：一次是1750年的"内子骚动"，村民们投掷河滩上的小石头，迫使权力者在压力下自杀，从而取得了胜利。另一次则是1866年的"奥福骚动"，"奥福是农民暴动的领导者，他试图颠覆官方的整个权利体系，针对的是官府权力乃至村子的那些权势者。说是先将村里的穷苦人组织起来凝聚成为强大的力量，然后开进下游的镇子里去，再把那里的人们也团结到自己这一方来，以便凝聚成更为强大的力量。"

大江非常喜欢倾听"奥福"这个故事，当祖母讲述到非常有趣的场面时，他的心口就扑通扑通地跳，虽然祖母讲述的只是一个个片断，但这反而刺激了他的想象。他也特别喜欢给周围的人讲"奥福骚动"的故事，而除了在捆装三桠的工厂那里获得了成功之外，他的老师和同学都认为他是在说谎。"说谎？说谎不就是把发生在身边的事实、一些日常的事情，说成完全相反的样子吗？我有些愕然。本来我说的事情就跟事实毫不相干。那些语言和事实完全是两码事，它们编织出来的故事、神话才有问题，拿每一个细节和现在的现实一个个去对照，那算个什么？然而，没有一个老师或同学能够和我一起来享受语言的快乐和想象的愉悦，我成了一个说谎的孩子，受到了大家的孤立。不过，我也没有因此而成为一个愤愤不平、沉默寡言的孩子。我总是在为寻找新的听众而心神不宁。"大江在听故事的过程中，获得了语言的愉悦，而这样的愉悦并非每个人都能感受到，语言中的快乐也并非每个人都能发现。可见，大江从小就是一个语言天赋极高的孩子。

在这间小屋，母亲与祖母还绘声绘色的为大江讲述了大量流传在故乡的美丽传说。她们在讲述传说故事时，总会选取最吸引人的情节，用尽可能精彩的语言向大江传达。这些美妙的语言让大江极其享受，他总会全神贯注地听这些神奇的传说，情不自禁地沉浸在这样生动有趣的语言世界里。尤其是"木灵传说"和"童子传说"，这更让他对四国森林充满了传奇性想象。

祖母总会用唱歌一般的方式为大江讲那些传说故事，最吸引大江的是"木灵传说"中的那棵"自己的树"。"木灵传说"是指森林峡谷的人们都有着各自命中注定专有的"自己的树"，树是灵魂的居所，当人出生时，灵魂从树里出来降到人的身体，当人逝去时，灵魂又会重新回到自己的那棵树木。祖母很神秘地告诉大江："那树在林子的高处，山谷中每一个人都有一棵属于自己的树。人的魂灵从自己的树的根，也就是树的根部那里出来，走下山谷钻到刚降生的人的身体里去。所以呢，人死的时候只是身体没有了，那灵魂呢，是要返回到树根去的。"大江很好奇，立即问祖母："那么我自己的树在哪儿呢？"祖母摸摸大江的头说："马上就要死的人要是睁开了灵魂之目，他就会知道自己的树在哪里呢！这会儿就急着知道它干什么呢？还有哇，进入林子里，无意中站在自己的树下时，上了年纪的自己就会和那孩子相见。"大江似懂非懂地看着祖母，有些话他暂时不懂，但是如此神奇的传说使大江喜爱上了树木，小时候便在树上搭建了自己的小屋。

自从在树上有了自己的"小屋"后，大江喜欢躺在那里，抬头看蔚蓝的天，低头看粼光闪闪的河，还可以自在地思考。那时让大江迷恋的还有"童子传说"：每当山村的人们在举行起义或者策划一些大事迷茫的时候，就会出现一个身份未知的奇异的孩子指点村民下一步的措施，当成功后，"童子"又会消失不见。有一次，母亲问大江："要是'童子'从森林中降临，你会怎么办呢？"这个问题让大江的想象自由飞翔了起来，他在头脑中想象了多种可能，但最终他断然拒绝"童子"降临的回答，而是说："我要做'童子'。"可以想见，"童子传说"对大江的影响之大，以致成为作家后的他，在很多作品中创作出了"少年神"这一形象。

祖母与母亲的这种"物语"讲述方式给幼小的大江留下了极其深刻的印象，让他发现了日常生活语言之外的另一个语言天地。而在拿到母亲送给他的马克·吐温的《哈克贝里·费恩历险记》和拉格洛芙的《尼尔斯骑鹅历险记》之后，大江简直是爱不释手，尽管他认识的字还很少，但母亲亲自挑选的这两本儿童读物完全在他的阅读能力之内。大江欣喜若狂地读着这两本书，这是与"倾听"故事截然不同的感受语言的方式。他沉浸在美丽语言所描述的世界里，仿佛能够听懂鸟类的语言，仿佛将会与野鹅结伴而行。这让他感到由衷的快乐，感情仿佛也被净化了。后来他回忆起这段童年生活时说，这两部作品"占据了我的内心世界"，"孩童时代的我为自己的行为找到了合法的依据"。

在这片与外界几乎隔离的森林里，大江通过"倾听"与"阅读"找到了无穷无尽的乐趣，他捕捉着让他着迷的美妙语言，这种从小就有的感受力，开启了他直觉下的语言世界。

3. 1944年的灾难

对于小时候的大江来说，祖母与母亲是和蔼可亲的，而父亲是一个不易亲近的人。尽管父亲表面严厉，但内心是爱孩子的。可以说，9岁前的大江，在父亲与母亲以及祖母不同方式的疼爱中，快乐地成长着。

童年的大江经常到森林里玩，但是有一次他回家后，冒出一句："在这么个树林子里长大的，无法成为世人皆知的人物。"这是一句抱怨的话，当时大江的父母都在场，都被这句话吓了一跳。

他们不曾意识到自己的孩子，小小的心里原来还装着比森林更大的世界。母亲趁机告诉大江，在加藤家里有一个叫中江藤树的学者，是一个对中国古典学问做日本式研究的儒学者。中江藤树是一个出身于贫穷的农家，在日本却是人尽皆知的大学者。同时母亲还语重心长地说道："听说藤树先生啊，一边做学问，一边为了养活他妈妈去卖酒……"可见，大江母亲教育子女的方式还是很有一套的，能够循循善诱，让大江意识到人只要有志向，在任何环境下还是可以成才的。

　　这个时候，父亲认真地看了大江一眼，并没有多说什么。第二天，大江的父亲因工作关系需要去大洲一趟，他把大江也带在了身边，为的是让大江去看看旧城里中江藤树先生的石碑。大江和父亲骑自行车出发，到达目的地后，父亲去办事，大江一个人在银行前面的小屋边上等待。等父亲办完事情，告诉他说："妈妈给我们带来的盒饭，我们回头再吃怎么样？那石碑就是去看，内容连我都读不懂。不远的地方有一家面条店，听说现在还开着。我们去那里说话吧。"之所以说"现在还开着"是因为那时正是战争结束前夕，粮食紧缺，能开下去的卖吃食的店铺已经不多了。父亲这句话，让大江出乎意料，他没想到父亲放弃了这次带他出行的计划。

　　这样，大江就被父亲带到了那家面条店。那家面店坐落在桥边，坐在上面可以俯视深深的河流。父亲喝啤酒，大江喝汽水，这是他们平时难以享受的东西。吃完面条后，父亲又做了一件让大江出乎意料的事情。平时母亲督促大江学习时，有时父亲会瞪上一眼，此时却更为详细地向大江讲述了中江藤树的事情。在回村子的路上，父亲又恢复了往常一样的缄默，但还是问了大江："对于我刚才说的，有什么弄不清楚的么？"对于大江而言，父亲虽然沉默少言，但是父亲与母亲一样，是在以自己的方式努力让他学到知识，只是父亲更希望大江能在一定思考的基础上，提出自己的问题，然后在启发下，学会自己解决问题。

但是很不幸，这样的幸福并没有延续多久。在大江9岁的时候，也就是1944年，当时正处于太平洋战争末期。经常为大江讲故事的祖母年事已高，而且疾病缠身。那一年，大江的祖母没有逃掉疾病的折磨，离开了人世。这让大江很难过，但是祖母平时经常做出死去的模样，或是吓唬大江他们，或是逗他们发笑。因此当祖母真的死去时，大江还没有感受到过于强烈的冲击。可随后父亲的去世使9岁的大江从心底感到了悲痛。

在1944年立冬前一天，孩子们转着圈用稻草扎成的棒子敲击地面，为了给他们派发赏钱，父亲一直在客厅里喝着酒，直至夜深。作为家里的孩子，大江就坐在父亲的身旁，平日里并不多话的父亲，那天晚上却对大江讲了许多。就在当晚父亲还对母亲说大江的话语非常有趣。可就在那天深夜，父亲却突发疾病，在奄奄一息的父亲弥留之际，年幼的姐姐、弟弟、妹妹都按照大人们的要求使劲叫喊，唯独他不愿叫喊。当时站在一旁的母亲用谴责的目光看着他，那眼神使他终生难忘。后来，他读到鲁迅的作品《父亲的病》，里面写到鲁迅站在病危的父亲身旁，也按同族亲戚的要求用力地在父亲耳边呼喊，父亲痛苦地睁开眼睛断续地让他不要吵闹，但鲁迅还是呼喊直到父亲咽气。长大成人之后，鲁迅仿佛常能听到父亲那断续的声音，对自己当时的行为深悔不已。鲁迅的这段追述以及中日两国相似的民间习俗，又一次震撼了大江。

再多的叫喊也没有留住父亲的生命。第二天一大早，母亲就起了床，对他们说："爸爸去世了，因此你们不能面向西方吐口水，男孩子不能站立着小便。"不久，帮助料理丧事的四邻来到家里，母亲便将父亲穿用过的西装等物品送给了那些邻居。那些换上父亲遗物以为纪念的人，便着手葬礼的准备工作。在父亲去世的那天，平日不被村里小伙伴敬重的大江被赋予了一种特别身份。当时村里正流行踩高跷，他被优先去踩那高跷。那是一副非常高的高跷，踩在上面能看到家里二楼的窗子里。大江在踩着高跷小心行走的过程中，看到了更为立体完整的村里景观。这种也突然出现开阔视野，使敏感的大江突然获得了一种奇异的高度。当时他在想，"世界"就是这样在改变呀！

事实上，1944年，"世界"的确在改变。那时世界正处在太平洋战争末期，日本各条战线兵力最吃紧形式已经大大不利，日本大本营到处征兵。父亲去世后，大江的两个哥哥均被战时集中征训，小小的大江切身感受到了战争的残酷，他陷在了不安与恐惧中。他不知道自己的生活将会如何，不知道国家又将走向何方。他害怕、慌乱、不知所措……

在大江无助迷茫之际，他的母亲，挺身而出，让幼小的儿子有了安全感与依靠。大江的母亲是非常普通，非常现实的女人。在多少有几分梦想家色彩的丈夫没有留下什么资产便去世的情况下，不现实的话她是无法把七个孩子养大的。大江的母亲在丈夫去世之后就成了一家之主，不仅承担着母亲的责任，还尽心扮演着"父亲"的角色。她不能让孩子从此消沉下去，她用自己的方式继续着对子女的教育，也成了大江最尊敬的人。

母亲喜欢送书给大江，在大江很小的时候就让他读了《哈克贝利·费恩历险记》和《尼尔斯骑鹅旅行记》。大江12岁时，母亲把《鲁迅选集》当作礼物送给他，那部《鲁迅选集》当中就有短篇小说《孔乙己》。大江觉得自己很像《孔乙己》中的小伙计。大江小时候家庭贫困，也曾差点到一家小酒店去当伙计，但日本战败后，他有了上中学的机会。那本《鲁迅选集》现在仍然珍藏在大江的老家。"鲁迅的作品一直对我产生着深刻的影响，让我爱不释手。"当家中的书不能满足大江的阅读后，图书馆便成了他的常去之地。正是母亲，让大江从小就开始了读书生活，在战乱的年代，却有精神上的享受。

战争结束之后，大江却一度有不想去上学的心理。他甚至逃学，到森林里对照植物图鉴记录树木、了解它们的特性，打算将来靠这些知识生活。没想到，秋季的一个大雨天将大江困在了森林，发烧并昏迷，直到第二天才被村里的消防队员救出。昏迷不醒的大江让医生看不到生存的希望，放弃了诊治。是母亲几日几夜地陪伴着他，从没丧失信心，硬把大江从死神手上抢了回来。醒来后的大江与母亲进行了一番对话，这让大江记忆深刻：

"妈妈，我会死吧？"

"你不会死的。妈妈在这为你祈祷。"

"医生不是说这孩子没救了，会死的吗？我都听见了。我想我会死的。"

"你就是死了，我也会再生你一次，所以，你不要担心。"

"可是，那个孩子和将要死去的我不会是同一个人啊？"

"不，是一个人呐。我会把你从生下来以后到现在所看到的、听到的事情，读的东西，做过的事情全部讲给新生下来的你听，而且把你现在会说的话也都教给新生下来的你。这样，两个孩子就是一模一样的同一个孩子了。"

母亲就这样呵护着大江，她看着这个刚刚脱离危险的孩子，感受到的是一种生命的新生。这种新生让她感动，她用最柔情的声音表达着对眼前这个孩子的爱。

尽管大江并没有完全明白母亲的话，但是内心却在和母亲对话后宁静了下来，安安稳稳地睡着了。经过一段时间的康复，大江又开始想上学了。

1944年，大江在动荡不安、暴力充斥的大时代之下，又接连遭遇了祖母、父亲去世的痛苦。这对9岁的大江来说是灾难不断的一年，这也是大江人生旅途中感触最早的两件事。但是大江拥有一位伟大的母亲，正是这位平凡又不平凡的母亲，让失去父亲的孩子，重新获得了生命存在的意义。

第二章　迷茫的中学时代

1. 经历"战后民主主义"

　　1947年5月，日本新宪法实施。在此之前，日本的中小学推行的一直是军国主义国粹式教育，其典型的课程设置就是有专门的修身课，将天皇和皇后作为神灵来参拜，并要求所有的"皇国少年"都必须誓死效忠。在那种强制的狂热之中，大江这个令老师"棘手的优等生"却保持冷静的意识，他对"天皇"这个象征着活神的存在一直表示出怀疑，不理解以天皇为顶点的体制，并因此受到过校长的捶打。

　　就在这一年，大江小学毕业，进入新学制大濑中学，成为该校的首届学生。新制中学把原来的修身课改为了新宪法学习课，教材是上下两册的《民主主义》，大江对这种"战后民主主义"的教育曾回忆说，新宪法中关于放弃战争和主权在民的内容，对他思想的形成有很大影响。

　　中学时代的大江自诩为"书虫"，他博览群书，并尝试在校刊和地方杂志上发表作品。虽然一度感到前路迷茫，但大江从那时开始，在一定程度上确立了自己的生活方式，就是通过"书"这个铅字世界，了解不同于日常生活的"另一个世界"，并借此来照射自己周围的现实。

　　在第二次世界大战期间，日本为了战争需要，不断培养出效忠天皇的青年，普通小学和中学改名为国民学校，推行的都是天皇崇拜式军国主义教育。天皇在学生的心中是令人敬畏的、至高无上的"活神"。

　　那时大江还在上小学，老师有一次问他："天皇叫你死，你会怎么办？"大江吓得两腿哆嗦，浑身冒汗，他当时就觉得这个问题要是回答错了，自己可能会被杀掉。

"喂，问你呢！要是天皇陛下让你死，你怎么办？"

"那我就死，我就剖腹自杀。"大江战战兢兢地回答道。

"好，换下一个。"老师喊道。接着，下一个少年又被问到同样的问题。

在那个时代，日本的孩子们都被迫接受这样一种观念，那就是作为"天皇的孩子"，天皇让你死，你就必须死。

虽然对这种扭曲的强迫灌输的崇拜式教育无能为力，但是具有独立思考能力，并且尊重有真凭实据的少年大江，对这种体制始终保持着怀疑，这从"奉安殿"事件就可以看出来。

"奉安殿"是二次大战前的日本用来供奉天皇和皇后的照片（御真影）的一种建筑（战后大多被拆除），日本大多地区都有，周围的群众每天都要参拜。少年大江对这个需要参拜的神秘之地非常好奇，一个星期天的傍晚，他踩着砂石路偷偷去看了一眼奉安殿，结果只看到了泛着金光的木头台子、纸箱子，还有天皇和皇后的照片。大江很疑惑，为何非要对这"虚无缥缈"的照片参拜来参拜去的呢？于是每次早上参拜的时候，大江就再也认真不起来了，结果这个"怪胎学生"每天早上都会被校长用拳头捶打。校长左手撑住大江的脸，右手使劲地打另半边脸，把牙都打得松动了。有一次，一个美国的二等书记官问大江，在日本，从农村出来的青年是不是特别憎恨天皇？大江回答他说："我是最怕校长和天皇……"

国民学校成立的第一年，也是大江上小学的第一年，日本战败。这对大江来说是一件非常震撼的事，他回忆时说："对小时候的我而言，战争就是我心中全宇宙最大的一件事情，而我的国家却彻底输掉了。当我知道这个消息的那一天，心中就留下了这样一个伤口。一个偏僻山村的爱国少年的心里埋下了偌大的屈辱的种子。"

一眨眼，改朝换代了，战争结束，天皇宣布自己是人了。那个天皇说话的声音跟普通人没有什么两样，这么一个具有无比威力的存在，突然在某个夏天的某个时刻，变成了一个人，这简直令人难以置信。

有一天，大江去问老师。大人们都说天皇制被废除了，这是真的吗？

老师二话不说，一脚把他踢倒在地，然后冲着他的背使劲地踢，踢得他都喘不过气来了。接着，大江的母亲被叫到了教员室，老师着实把他和母亲都训斥了好长一段时间。他由此在内心充满了来自于现实的感觉，对于天皇制的根源性的怀疑。

早在大江的孩童时代，就已经知道"物事变故"，大江更是在巨大的变故（经历过战争，后来因战败而结束，进驻军以及占领军来了，新的国家体制开始建立）之中度过了10岁至14岁那几年的光阴，因此，他深切地认识到社会是变动之社会，至于稳定的未来以及社会的繁荣，则是连想也不曾想过。

大江最初学到的外语是那句耳熟能详的"hello！"这是打招呼的用语，是为了要跟那些进驻日本的外国人打招呼而学会的。有一天早上，大江及学校的所有学生被集合到操场上，说是有重要的训话，这些小学生的心中充满了不安和期待。

教导主任站到了台子上。他说："同学们，进驻军要是进了村子，大家要大声说'哈罗'，表示欢迎。不可以害怕进驻军。同学们，一定要大声喊'哈罗'，挥手向他们表示欢迎。"

就在一个月之前，这位教导主任还是村里最激进的爱国主义者，没想到现在居然大喊着"哈罗"。而且他的脸上还露出了腼腆的笑容，好像穿了件新衣裳觉得害羞似的。他的叫喊声里没有默默的自责或侮辱的感情。当他听到全校学生终于齐声喊出"哈罗"的时候，脸上露出了满意的笑容。

亲眼看见这些突如其来的转向时，人们能够采取的大概有两种态度，一种就是对人对国家变得彻底不信任，结果内心深处被虚无主义填满，最后走上了自暴自弃的破灭之路，这正是日本"战后一代"年轻人的"常见病"；另一种就是对允许这种"变色"的体制进行根本性的批判，显然，大江健三郎选择的是后者。

看穿了天皇崇拜的形式主义，二战结束后，大江又敏锐地觉察到了体制的转换中存在的问题和弊端。所以，对大江而言，以"变色"为代表的对进驻军（美国）阿谀奉承的骑墙主义以及唯命是从的权威主义，是最不能容忍的，在少年大江的心中，对这种渗透式的"转向"怀有拒绝的心情。

1947年日本新宪法实施，与此同时，教育基本法得以制定并成立了新制中学。当时，从大江所在地村子以及步行可及的周边地域内没有旧制中学，如果要去上学，就只能在较远的松山县租住民房以便就近往来于学校，而能够做到这一点的，就只能是成绩非常优秀而且家境相对优越的孩子了。由于大江父亲的去世，他对继续升学之事就断了念想。

然而，很幸运的是，村里却建立了新制中学，于是所有孩子都可以继续升学了，大江也欢天喜地地去了那所学校。他听说教育基本法是孩子们今后的教育之根本，便请老师让他看了看，还将其抄写在纸上，觉得这是为孩子们制定的一部很好的法律，尽管这部法律面对的是国家，而非孩子。

大江在中学时期经历了对其一生都产生重要影响的"战后民主主义"思想。新制中学以新的宪法课替代了修身课，教材是上下两册的《民主主义》，装帧精美，但数量供不应求，并不是全班每个人都有的，学生们要抽签才能拿到，结果抽中签的同学喜出望外，而没有抽中的同学则痛哭流涕，大江对此印象很是深刻。他在一篇文章中提到："因为有这么个经过，所以上宪法课的时候，我们都用这本《民主主义》，对我们来说，总觉得是一种特殊的体验，而且，刚从战场上归来的年轻教师虔诚地教课，我们这些学生也很紧张，至今我仍然把'主权在民'的思想和'放弃战争'的约定当作我日常生活中最基本的道德观，这种做法的起点就是新制中学的宪法课。"

在很多谈到战后体验的文章中，大江都反复提到这本《民主主义》，因为这本教科书是"战后民主主义教育"的象征。大江的老师们也非常热心地学习崭新的民主主义体制，经常对学生们说什么"你们，要自主性地去干！""要民主性地去干！"等等。

战后的大江成为彻底的"民主主义者"。"民主主义"的本意就是"平等、对等"，在这种思想的支撑下，提倡"主权在民""放弃战争"即和平主义，共同反省造成国内外大批死者的战争，与"战后民主主义"并列的核心思想还有"尊重基本人权"。大江是非常赞成这些观点的，结合自己的文学方式，大江对"战后民主主义（教育）"作了这样的总结："战后民主主义教育告诉我们，强权正掌握在我们的手中，但是它却没告诉我们，当手中只剩下空虚的时候，我们该如何去反抗强权。我认为自己在文学上的兴趣最根本的动机就是对强权的反抗，我必须用小说或者戏剧的形式将它们真实地表现出来。"

2. 转学的"拯救"

大江在新制中学时曾被推选为儿童农会的负责人，也办过一个小小的实业，是他和职业课老师一起做的。他们俩从农协那里借来当时的10万日元，搭建了设有哺育鸡雏大温箱的小屋，养了200只小鸡并卖给了农家。其后，他还加入了新组建的棒球队并担任游击手。那时又能读书又能自由自在且充实地生活，大江感到很是惬意。

1950年4月，大江从"峡谷村庄"里的中学毕业。根据爱媛县辖内的学区制划分，此前本来可以去松山，宇和岛、大洲那些近郊的学生，要回到原籍所在地转入本地的高中，于是大江就进入离家相对较近邻镇的内子高中学习，不过这也算是离开出生地去到"他乡"了，从此大江开始了一个人在伯父家的寄宿生活。

战后新设的内子高中，学生的组成比较复杂，在高年级学生里，有一些人曾当过军队的预科练习生，这种人纠集在一起，成立团体并成为在背后支配整个学校的力量，借助暴力来控制其他同学，对新生而言，一旦被高年级或棒球部里那些不良少年的小团伙给盯上，就会吃上很大的苦头。午休时间姑且不论，即便在上课时间，只要是他们盯上的人，都会被叫到后面去打一顿。大江也亲眼看到过被打得鼻青脸肿的学生。每个人都对那个传闻感到胆战心惊。他也是战战兢兢地等待着，结果，那一天还真的来了。

大江刚进高中，就对运动部独占学生会预算这一"不公平"的状况提出了异议，并因此当选为学生会会长。在中学时就掌握了民主主义的大江，显然是不能允许运动部这种不"平等"的霸道行为的。而运动部的主要成员都是高年级学生，他们压根儿就没有想到一个新生居然会当选为会长，所以对他们来说，大江简直就是"眼中钉、肉中刺"。大江身上本来就带有一种无所顾忌的个性，加上在新制中学所感受到的自由氛围，便不假思索地在作文里写了那些依仗暴力的事例。这些事情都让高年级学生觉得大江太"狂"，于是他就被划入了被盯梢的那类同学之中。

有一天，还是早上，大江就被他们叫了出去。他一个人走出教室，但与想象中不同的是，并没有马上进入殴打程序。他们让大江一起玩刀戳手指的游戏，也就是把手指头分开放在板上，用刀子咚咚地戳手指头中间的缝隙。他们把刀子递给大江，让他玩的时候，他那已经紧张得嗡嗡作响的脑袋还在那里琢磨：明明那刀子还没有戳到我的手指，可我怎么觉得手指头那么痛呢？真是奇怪。接着，大江就使出浑身力气戳了下去，结果中指被结结实实地钉在了木板上，鲜血瞬间流了出来……

在那些将自我和欲望赤裸裸地暴露在外的"不良少年"和高年级学生眼里，像大江这样头脑聪明、好奇心强、知识丰富，而且充满正义感的少年，正是欺负的合适人选。他们在"刀戳手指事件"之后并没有打算收手，还是经常找茬去殴打大江。大江在一篇文章中回忆说："我在地方高中上一年级的时候，每天早上，只要我一出校门，高年级学生就在那里等我，把我拉到学校后面暴打一顿，我试图反抗，对方就轻松地将我打倒在地，跑了。这样的事情每天继续，我真是烦透了。"

这些不良少年在保护既得权利的名义之下，把"弱者"也就是"低年级学生"当作"暴力"的牺牲品。"暴力"这个本应该离大江的生存方式最遥远的一种存在，却在他生活里不断地发生。虽说大江也曾进行一些抵抗，最终还是觉得没必要再在这所学校里待下去了，于是想要转学，就向母亲说了自己的想法，母亲便表示"那也可以吧！"。就去了学校和校长商量此事。

遭遇无止境的"暴力"是大江从内子高中退学转到松山东高中的直接原因，而它又和大江对"肉体的痛"的特别记忆重叠在一起，我们可以认为，这种青春期的"暴力"体验对大江来说，可能就是促使他不断扩大对"暴力"事物的关心程度的主要原因。大江痛恨"暴力"，更痛恨"暴力"背后所隐藏的人与人之间的"不理解""不宽容"。比如，"核问题""学生运动""革命运动"。对于这些"暴力"本身，或者伴随着"暴力"的社会运动，大江一直保持着敏感的反应能力。然而，几乎没有一个作家像大江这样如此关心"暴力"问题，并一直将其写入文学作品。由此可见，"暴力"对大江而言，似乎已经成了精神创伤。

大江的班主任也想把大江这个"优秀学生"从校内小团伙迫害中拯救出来，在他转校的问题上给出了理由："考虑到该生性格中具有攻击诱发性，容易深化矛盾，故建议其转校。"高一第三学期时，班主任就对大江说："已经定下来了，你就转校吧。"此时大江不能再寄宿在伯父家了，于是这位老师热心地帮助大江寻找可以租住的民房，他母亲则四处筹措费用。高中一年级结束以后，大江就转校到了松山东高中。

从"暴力"中解放出来的大江在松山东高中的生活，虽然因为远离了父母，有不便之处，但更多的却是从未体验过的轻松和畅快。松山东高中是县里最好的学校，所以，这个学校显然非常适合既是"文学青年"，又是"优等生"的大江。在这里，没有欺负他的高年级学生，还可以随心所欲地看自己想看的书，在大江"回忆"式散文中，几乎找不到有关于松山东高中时代的记录，由此可见，那里的高中生活是多么的"平凡"而且"充实"了。

大江从内子高中转校到松山东高中的主要原因，就是上文所说的为了逃离高年级学生不断的"暴力和欺负"，除此之外，还有另外一个原因，就是大江家里人都想让大江家成绩最好的健三郎上大学。大江家除了健三郎之外的六个孩子，全部都是高中毕业就工作了，而大江健三郎是最有希望考上大学的，大江家里人考虑到"名校"松山东高中教学条件和师资力量都比内子高中强，就商量着让他转校。

另外，还有一个小插曲，据说伊丹十三（后文会提到，与大江渊源颇深）看到大江发表在内子高中《梅花》上的作品之后，爱惜他的才华，就写信让他来松山东高中，或许这也是推动他转校的一个间接原因吧。

3. 《法国文艺复兴断章》

大江转入松山东高中之后，不仅全身心获得了前所未有的解放，更为重要的是邂逅了他终身的朋友伊丹十三，同时还邂逅了让他确定人生方向的《法国文艺复兴断章》。

大江第一次遇见伊丹十三，便发现了他的与众不同。松山东高中的学生们是要穿学生制服的，而出现在大江面前的是一位穿着藏青色短外套，非常自由、英俊的美少年。大江不由自主地被他吸引，只是当时两人并没有交流。有一次，在大江打扫教室时，这位美少年走向他，问道："你就是大江君？""是的。""我读了你的文章。"这位美少年所读的是大江未转校前在内子高中学生自治会杂志上写的小文章。后来大江从其他人那里获悉，这位美少年每当发现具有写作才能的人，都会予以鼓励，让其多写文章。"你的文章很有意思。"在大江不知该怎么继续交流时，一句"很有意思"随即让大江感到了意外的惊喜。他没想到自己的文章还有人在关注，以文会友，这两位少年很快成了朋友。这位美少年便是后来的伊丹十三（1967年这位美少年改名为伊丹十三）。

伊丹十三是日本著名导演伊丹万作的长子，小时候随父松山母生活在东京，父亲去世后才回到故乡松山，从东京转学到东高中。伊丹十三有自己的主见，并颇有才华。那时，他已经对刚刚翻译过来的卡夫卡的《审判》有了自己的认识，很喜欢阅读兰波诗集，有时也会去欣赏贝多芬后期的弦乐四重奏，还能画很漂亮的插图。因为父亲的去世，这位才貌双全的少年才会从充满文化气息的京都转校到偏僻的地方城市高中。在这样一所高中，他的多才多艺使其他同学对他另眼相看，也自然和他产生了距离。大江，这位喜爱读书独具个性的孩子，刚转到松山东高中时，也被同学们孤立。自从被伊丹十三夸赞他的文章"很有意思"之后，大江加入了伊丹十三所在的学校的文艺部，表现也很活跃。在从森林里走出来的性格还有些"怪"的大江眼里，伊丹十三是能够理解他文章所想表达的内容的，是真心鼓励他的朋友。就这样，一个"下乡者"和一个"进城者"，在彼此的欣赏中，成了挚交。

松山有一条叫作大街道的繁华街，那条街上有一个旧书店。令大江兴奋不已的是，转入松山东高中后不久，他便可以根据自己的选择在那旧书店购买图书。这是大江生平第一次走进书店，这种自由自在地翻阅选择，对于一个喜爱读书的孩子而言，是多么快乐的事情。只是大江还没有多少钱，他常常省钱，只要有一点积蓄，便会前往书店，再三选择之后购买自己喜爱的书。在那个旧书店里，大江阅读了大量书籍，如《中原中也诗集》、《爱伦坡诗集》、《定本·富永太郎诗集》等。每次离开书店之前，大江往往会在精挑细选之后买上一本，《法国文艺复兴断章》就是在那个书店被大江幸运选中的。

有一次，大江无意中在旧书店发现了列入岩波新书系列刚刚出版的《法国文艺复兴断章》，他情不自禁地在书店里站着捧读。当他读到"文艺复兴，据说是从中世纪基督教神学的绝对制度中将人们解放出来并确立了人性的运动。这样说也未尝不可，不过若用其他话语表述的话，则是对人们自古以来即被赋予的自由检讨之精神进行的重新认知、复位、复权和前进，因于这种精神所具有的生动活力，文艺复兴亦可说是近代的开幕"这一段时，心情异常地澎湃。尽管这些文字对还是高中生的大江来说显得艰涩难懂，但是作者所要表达的"自由检讨的精神"却和大江的内心追求不谋而合。大江认为，这些话就是为他说的，特别是在高中一年级经历了那些非常不宽容的、心术不正且残酷的、暴力的痛苦之后，他对这些表现人性解放，尤其是弱势者拼力抵抗的作品有了更深的体悟与感触。看着天色渐晚，大江掏出了身上仅有的钱，买了这本爱不释手的书。当时，大江对作者渡边一夫这个名字一无所知，对法国文学和法国思想也并没有特别的兴趣。也许这就是在冥冥之中的缘分，也是一份幸运。

大江热切地着迷于这本书，当天晚上，他彻夜阅读，第二天也没有去上课。在阅读书本的过程中，大江萌发了要去学习法国文艺复兴的念头。第三天，大江便迫不及待地要和好友伊丹十三分享这份激动的心情。在操场上集合开早会的时候，大江用兴奋的语调对伊丹十三说："有个叫渡边一夫的人，我觉得他特别伟大。"

"啊，是吗？"伊丹十三面不改色地回应道。

"那个人现在干什么呢？不知道死了没有？"大江看伊丹十三没有表现出和他同样的兴奋，便又继续笑着问道。

"还活着，现在在东大法国文学系教书呢。"伊丹十三仍然是平静地回答。

这个消息令大江更加兴奋，他已经顾不上伊丹十三的情绪，他的头脑里闪过的是东京大学，是渡边一夫，是他清晰的求学计划。

放学后，大江又找到伊丹十三，做出了一个惊人的决定："我要去东大的法国文学专业，因此从现在起需要开始学习。如果每天都和你说话，就考不上大学了，所以今后不再与你交往！"

伊丹十三毕竟比大江大一些，成熟一些，看着疯狂的大江，说道："那很好呀！"

其实在这之前，大江并不怎么想去大学，因为他没有找到自己学习的兴趣点，他不知道能在大学里学到什么。而有了目标之后，大江便认真地朝这个目标努力。脚踏实地地朝自己的目标进发，这也许就是大江这个人的特质吧。第一次高考他没有考上大学，但他没有放弃，在家复习一年之后，于19岁考进了他为之奋斗的东京大学。而伊丹十三，不仅仅是大江的朋友，有的时候还扮演着兄长、老师的角色，欣赏着大江，鼓励着大江，支持着大江。

当其他高中生还在为自己的将来拿不定主意，只是在父母的希冀下努力考大学的时候，大江已经立志要踏上"文学的道路"，并且将此志向付诸实际行动了。大江在自己的好几篇文章中谈到了自己就读于东京大学法国文学专业时的恩师渡边一夫，其实这段师生缘在大江的高中时代已经开始。从一本《法国文艺复兴断章》开始，大江陆陆续续读着渡边一夫的著作，并下定决心，进了大学一定要跟这位老师学习，这个目标通过他坚持不懈的努力后来，实现了。

第三章 飞翔的大学生涯

1. 和渡边一夫先生的交流

在大江有了成为渡边一夫学生的想法之后，便下定报考东京大学法国文学系的决心，虽然事情一开始并没有那么顺利（第一年高考落榜），但是勤奋的大江没有就此放弃，而是选择了复读，并以超常的毅力实现了最初的愿望，考上了东京大学。

大学时代是大江思想和创作上开始"飞翔"的时期，他借助读书和写作编织自己的人生，进而开创出新的属于自己的文学世界。在东京大学这段岁月里，大江接触并兴致盎然地阅读了大量西方以及本国的诗人、哲学家和文学家的著作，如但丁、爱伦·坡、兰波、艾略特、巴赫金、萨特、三岛由纪夫、太宰治、山口昌男等等，不胜枚举。

大江通过对周围同学的观察，并对自身长处的分析，清醒地认识到自己并不适合像其他人一样，成为青灯枯坐的学者，而更适合成为不断探索和营造文学新天地的小说家。他经过文艺复兴"人道主义思想"的洗礼，结合对日本太平洋战争的思考，充分认识到"杀人"也就是"战争"思想的非人性。因而，他以"人道主义"为根据地，开始了小说创作的尝试。

初入文坛的大江便一鸣惊人，获得了日本文学界比较有影响力的"芥川奖"，并受到了日本文学大家川端康成和三岛由纪夫的赏识。除了文学创作，热血沸腾的大江还积极参与一些社团和社会活动，如参加了反对日美安全保障条约的"安保批判之会"，还参与创建了"日本之会"。大江的大学生活确实可以说是丰富多彩的，在这段时光里，青年的他肆意地挥洒着青春和想象力。

渡边一夫，是东京大学著名法国文学学者，曾翻译过拉伯雷的《巨人传》，出版过《法国人道主义的成立》、《法国文艺复兴文艺思潮序说》等研究著作。年轻的渡边一夫在二战前曾经在巴黎留学，当时做出了让他导师非常惊诧的决定：将拉伯雷译介到日本。事实上，在二战和被占领期间的贫困与窘迫中，渡边一夫不仅完成了这项伟大的工程，而且还尽其所能把拉伯雷之前的、与拉伯雷并驾齐驱的，还有继拉伯雷之后的各种各样的人文学者的生平与思想，移植到了处于混乱时期的日本。对战后一代诸如大江这样的青年人来说，渡边一夫的人格和文章充满着魅力。

自从大江在旧书店邂逅了渡边一夫的《法国文艺断章》后，便被著作里的"人道主义思想"深深吸引，他追随着渡边一夫的步伐，努力复习，坚持不懈，功夫不负苦心人，他终于考上了东京大学。虽然千辛万苦考进了东京大学，但是由于没有法语功底，大江只能先在驹场校区的未修法语班学习，而他一直想拜访的渡边一夫却是在本乡校区讲课。大江首先遇到的是朝仓季雄、小林正、前田阳一等优秀学者。刚进大学的大江，只是一个刚刚开始背诵法语动词活用表的学生，距离阅读法语原版小说法国小说还很遥远。经过一年的潜心学习，大江已经能够一点点地开始阅读法语原版书籍了。

在大江升入本乡校区法国文学专业前一年，渡边一夫已经和他的弟子二宫敬合译并在岩波书店出版了《野兽们·死人的时代》，大江第一时间买了这本书。此时，大江将要升入本乡校区的文学部学习，想着即将会与仰慕已久的渡边一夫见面，他真是高兴万分，因为大江通过阅读渡边一夫的著作，发现了自己所追求的东西。不论是在法西斯横行的战争年代，还是在占领时期，在那个说是实现了"民主化"却依然由外国军队掌握最高权力的时代，渡边一夫始终如一地追求"人道主义"的存在方式，按大江的说法，那就是

"给了我们生存下去的支点。"

大江第一次遇见渡边一夫本人，是进东京大学后的第三年。渡边一夫为大江他们讲授的是中世纪法语语法。渡边一夫走进教室后突然脱下外套，把外套裹成一团后放置在教坛旁的地板上，接着便开始讲起课来。在大江眼中，这样的做派非常潇洒。虽然课程的内容非常专业，但是教室里却挤满了来旁听的学生。很多学生和大江一样，也是渡边一夫的热心读者。大江认真地听着课，他眼中的渡边一夫先生脸型好看，声音也具有一种张力，讲授的内容非常精彩。听着渡边一夫精彩的讲课，看着渡边一夫全身心投入的样子，大江涌起一种来自内心的感动。这次课，让他久久不能忘怀。在这样一次精神的盛宴中，大江意识到新的人生已经从这个瞬间开始。他为自己能够师从这样出色的学者而感到幸运。

渡边一夫潜移默化地影响着大江，是大江敬佩的学者。尽管大江并没有走上学术的道路，但是渡边一夫对他的小说创作，同样存在着影响。大江努力阅读着渡边一夫翻译的加斯卡尔的《野兽们·死人的时代》，同时又在法国文学教研室从原版书中将内容抄写到笔记本上，当抄满一个页码后，便将其与翻译过来的译著对照起来阅读。大江就采用这种方式，一点一点学习。在这个过程中，大江由衷地佩服渡边一夫出色的翻译。当大江将法语文本和其优秀译文放在一起对比阅读的时候，也在进一步思考着自己要运用的小说语言。

晚年，渡边一夫以《战国明暗二人妃》这部作品为中心，写出了非常出色的评传，为亨利四世身边那些独特的女性们塑造出了个性鲜明的形象。渡边一夫将人物——正室马尔戈王妃和曾被带去战场，后又被暗杀的情人——从历史资料中整理出来并写成了很有趣的传记，有一种荒诞感。这是大江感兴趣的东西，因此他吸收了渡边一夫的部分学术研究成果，创作了《马尔戈王妃裙上的口袋》，作品中的人物总是把那些死去的恋人的心脏装在紫色的大裙子上的几个口袋里，这部作品的题名就直接受到渡边一夫所写传记的影响。

在60年代上半期，大江陆续发表了一系列表明自己立场的文章，如《我内心的战争》、《战后一代与宪法》以及《关于宪法的个人的体验》等等。很明显，这些小说既展示了大江那一代人对战争的体验，同时又留下了渡边一夫思想的痕迹，坚持着人道主义的立场。大江一直致力于呼唤世界的和平与人类的拯救，他的作品具有浓厚的人文主义与人道主义色彩。

大江后来在斯德哥尔摩瑞典皇家文学院发表的演讲中指出：从渡边一夫那里，我以两种形式接受了决定性的影响，其一是小说，另一个便是人文主义思想。大江阅读渡边一夫翻译的有关拉伯雷的著作时，具体学到了宇宙性、社会性、肉体性等诸要素的紧密结合、死亡与再生情节的重合等创作方法。而作为渡边一夫人文主义的弟子，大江更是希望他的小说能让那些接受者从个人与时代的痛苦中恢复过来，心灵上的创伤得到医治。大江自开始创作小说起，就一直朝这个方向努力着。

2. 迷恋上萨特

二战后，日本在美国的占领下，经济还没有恢复起来，因此，日本普遍具有一种朦胧的虚脱感和一种难以消解的积怨。许多日本年轻人感觉仿佛一下子失去了生命的重心，深深的"悲哀感"和"绝望感"让他们渴望重新寻找到自我存在的价值，建立一种新的道德观念。

究竟应该如何对抗自己感受到的这种"悲哀"和"绝望"，虽然大江心里有种种疑问，却没有像一部分年轻人那样加入革命党派（日本共产党、社会党左派）。因为在他看来，当时日本即便实行苏联或中国那样的国家体制，也不可能实现"人道主义"，也就是"尊重人类主义"。作为一名具有强烈民族情感的青年大学生，大江不甘于如此默默地忍受，他在寻找一种思想，一种能够帮助他认清本国文化的现状并能使他乃至国人重新振奋的思想，于是，他将目光投向了西方。

正是在这样的背景下，萨特的"存在主义"进入了大江的视野。"存在主义"是20世纪30年代在法国兴起的一种文学思潮，第二次世界大战后，影响欧美、波及亚非诸国，20世纪40年代后期和50年代，"存在主义"思想进入日本，开始盛行，甚至出现了日本人彻夜在书店排队购买萨特作品的情形。作为当时法国文学专业学生的大江健三郎，也很自然地受到这种氛围的感染。

大江曾经在文章中提到，他会花好几年的时间去集中阅读国内外文学家、思想家的东西，而他每个阶段的作品都会受到这些东西的影响。如《同时代的游戏》受了巴赫金的形式主义的影响，《新人啊，觉醒吧》中有布莱克的痕迹，《写给令人怀念的时代》带有但丁的影子等等，其中的渊源故事，确实很多，但这些对大江产生不同影响的先贤们当中，萨特属于比较早也是比较特殊的一位。

在大学的低年级时，大江大量地阅读了加缪、萨特、福克纳等人的著作，最后，他把目光停留在萨特的身上。当大江开始疯狂"迷恋"萨特的时候，正好结束习作期，登上文坛不久。大江在最具有"战后特征"的那段时期度过了多愁善感的青春期，并由此踏上了作家之路，对他而言，"处于监禁状态中的自由""知识分子参与的社会"以及"散发着人道主义"等萨特思想的中心课题正是最贴近他生活的主题，这与大江内心深处对于日本文化的体验和焦虑一拍即合。

早在儿童时代，大江健三郎就读过萨特的小说，后来就读法国文学专业，更如饥似渴地攻读萨特《自由之路》等法文原著。大江曾在一篇文章中回忆说："当我还是一名法语系大学生的时候，白天在教室里学习16世纪法语语法、布瓦洛和巴尔扎克，而一回到寄宿的地方，就只看萨特。尤其是学校放假的时候，我就像冬眠的熊一个劲地舔自己手掌上的盐粒一样，从早到晚舔着萨特手掌上的盐粒过日子。然后，在假期结束前的一周，我从萨特的泥沼中抬起脑袋，想用自己的声音来唱首歌。现在回想起来，当时我的想法是用自己的声音来唱歌，但由于在萨特的泥沼中潜伏时养成的习惯，我就像腹语表演者手里那个红脸蛋的奇怪木偶，只是在尖着嗓子模仿萨特说话。"

萨特有一篇著名的演讲，题目是《存在主义就是人道主义》，它所代表的意思可以说是连接"人道主义"大江和萨特之间的坚固纽带。当初，大江选择接受萨特的存在主义时，主要是出于对日本战后文化的焦虑，他试图借助于萨特的存在主义哲学来解答日本文化所面临的问题，探索日本文化的出路。从这个角度看，大江和萨特之间建立起密切的关系也是很自然的。

战后的日本社会，在人们信仰幻灭、意志崩溃。大江认为个人在精神上已经是一个受难者，因而作家不能跟作品中的人物一起绝望，要想办法来拯救他们，这才是作家的责任和义务。这与萨特所提倡的文学观可以说是相当一致的："存在主义文学的特点是用头脑思考，并通过肉体书写。另外，我将当今社会存在的诸多问题用文学的形式表现出来，我认为这是文学家应该担负起的责任。"

20世纪60年代中期，萨特和波伏瓦访日，"存在主义"在日本的思想界和文化领域又掀起了一个高潮。日本学者寺田博曾评论说："从50年代后期到60年代，出现了这样一些作家，他们学习萨特的'存在主义'，并将其作为自己文学创作的出发点。举其代表者，就是大江健三郎。"在早年的创作中，大江对来自萨特的影响进行了积极的消化和吸收。而针对大江的文学思想要素，瑞典皇家文学院在诺贝尔文学奖的颁奖辞上，更是这样评价大江健三郎："人生的悖谬、无可逃脱的责任、人的尊严，这些大江从萨特的著作获得的哲学要素贯穿作品的始终，形成大江文学的一个特征。"的确，大江健三郎的创作受西方文化的影响是多方面的，也是复杂的，是以萨特为代表的存在主义是最值得重视的一个因素。

　　作为一个学生作家，大江健三郎在大学期间，阅读了大量萨特的文学作品。他回忆说："当时简直着了迷，近一个月，从早到晚一个人关在宿舍里，津津有味地读个没完，对萨特佩服得五体投地，于是，就萌发了自己也写小说的念头。"后来，大江健三郎还选择了萨特小说作大学毕业的论文，题目是《论萨特小说中的形象》。1961年8月，大江健三郎到欧洲旅行，还曾专程到法国，在巴黎的街头咖啡店里，采访了他的精神偶像萨特。可见萨特不仅是他文学上的导师，更俨然是他的精神领袖。大江健三郎自己也承认："我进入大学学习法国文学，在我的精神形成过程中，法国文学作为坐标轴发挥了作用。其中，萨特是最为有力的指针。"

　　当大江健三郎还是一个就读于东京大学的学生作家时，他的文学意识在哲学意蕴和政治性上，就十分倾倒于萨特。他的作品中表现的"存在感觉"（面对自己与他人，自己与事物的关系，他跳出既成的旧套，以独特的观点来确认"个人"的存在意义）和"社会参与意识"（人的参与社会的形式，不是靠加入党派和组织，而始终是以独立的"个人"为主体来反映政治）都鲜明地借鉴了萨特的思想由此可见，大江健三郎受"存在主义"，特别是萨特的"存在主义"的影响是很大的，在他的中早期的众多作品中都深深流露出"存在主义"的痕迹，但他并没有单单对其进行模仿，而是以一个日本作家也是东方作家的角度将"存在主义"进行了发展，乃至超越。例如，他认为："西方的存在主义是工业化机器文明给人们带来物质挥霍后的人的自然属性的异化，他们更多的是反抗物化过程中人的堕落，但人的异化还可以有主动性和可选择性；而战败后日本人被西方工业化机器文明奴役下的整体牺牲，是人的自然属性被毁灭，人的异化带有更多的被动性和不可选择性。这种理解背景差异下的荒谬感有着本质的不同。"

如果说渡边一夫是那个存在于"知识"，也就是"学问"世界中，告诉大江"人应该怎样活着"的知识分子的话，那么萨特就是那个将他内心产生于自我存在的"不安""绝望"等难以名状的情感和"异化"意识进行整理的哲学家和文学家。

3. 不完全是"战后派"

日本的"战后派"是实际体验了战争的知识分子及文学创作者，他们带着战场上的黑暗体验回到日本国内，通过文学实践探讨在战后的社会中"该如何生活下去？"的严肃主题。"战后派"的作家首先是知识分子，具有战争体验，在文学上从陀思妥耶夫斯基那里借鉴了象征主义，并关注社会主义的现实主义理念。而当时的大江，是一个与"战后派"毫无关系，仅凭自己的小说才能创作短篇小说的年轻人。因此，大江对于将自己与那些在本质上具有社会主义主张的"战后派"联系在一起的评价，使他有一种充满恐惧的不协调感。

大江认为，明治维新以来的日本向着现代化行进，接着闯进战争，然后战败，意识到这一切并生活在这种戏剧性的时代里的人们的文学，才是"战后派文学"。例如曾在军队里遭受罪犯般待遇的野间宏；例如出身于工人并参与非法的左翼运动、经历了苦难人生的椎名麟三；还有原本是中国文学的专家，却前往中国，被迫与中国人作战的武田泰淳……他们当时都在40岁上下，比大江年长10岁至25岁。"战后派"里最后一位作家是安部公房，他与三岛由纪夫是同年出生的，可比起大江来，他们要年长上10岁。大江的老师渡边一夫比野间宏要年长一些，他的弟子，比如说加藤周一就是"战后派"，因此渡边一夫相当于"战后派"的师傅辈。由于上述缘故，大江是不可能完全继承他们的文学的。大江曾说："我清楚地知道，与他们相比，在政治以及社会等领域，自己都是很不完全的。就好比对方屹立在坚实的巨石上，而我则站在晃来晃去的东西之上，好像很快就要猛然倒下一般。对于在这种预感、这种感觉、这种不安的状态中进行创作的年轻小说家来说，'战后派'是宽大的。"

尽管如此，当时的日本文坛对待年轻作家是相对宽容的。大江被平野谦、荒正人、野间宏等日本"近代文学"的伙伴及"战后派"作家们视为他们的正统继承者，并受到他们的大力推荐。大江本人为此还有点儿诚惶诚恐，后来大江直接与他们接触之后，更是痛感自己既没有"战后派"的经历又没有他们的思想，倒是经常因为自己是那种做事不彻底的人而感到沮丧。

"战后派"对大江这样年轻作家显现出了爷爷辈对孙子辈那样的亲近感，他因此得到了很大的帮助。年轻的大江曾对"文学家介入社会"这个问题感到困惑，他一方面不完全认同萨特的观点，即"在尚未发生革命的社会中，作家能够采取的方法就是为所有人都能够阅读的时代做准备，用最为激进的、毫不妥协的办法提出问题"，另一方面也不完全认同依布·贝尔吉的"文学依然是进行人性拯救的一种尝试"的观点，年轻的大江健三郎当时只能无奈地在这两者间做单摆运动。

不过大江后来在"战后派"那里寻找到了一些启示，他在《严肃的走钢丝》中的《为第三部准备的笔记》中已经说过："在我的文学背景中，有一块由萨特、N·梅勒和日本的战后文学构成的三角地。"也就是说，大江认为在野间宏、大冈升平、武田泰淳、堀田义卫、椎名麟三等日本"战后派"文学者的存在方式和生活方式中才存在着解决这一难题的线索。

大江写过一篇题为《如何理解战后文学？》在文章开头处他就写道："战后文学，或者说战后文学家这样的词汇，对我来说总是深刻的、激烈的、尖锐的、带有某种唤起性质的。其中包含着'意义'。"此外，他还坦言："战后文学和我之间，有过两次类型截然不同的相遇。"第一次是遇到花田清辉的《复兴期的精神》和石川淳的小说，第二次是在杂志上看到了武田泰淳的连载小说《风媒花》，并由此开始阅读野间宏等人的作品。

大江在《作为同时代的战后》的序言中更是对"战后派"大加赞赏："在我们面前，这些被称作战后文学家的作家们，他们依旧在从事着与现在这个时代相关的活动。战后文学家，这个加在他们头上的称呼，大概是进入近代之后，我国自造的文学词汇中，最具有充实的内容和意义的一个词吧。他的创造者既不是个人的随意，也不是集团的政治。时代本身创造了它。面向新的时代，战后文学家开始了他们的工作。我觉得他们把一个末世论视野和启示录的认识置于这一存在的核心。蕴藏着新的'战前'的不祥之物的微光现在正在它的照射之下浮现出虽不清晰却真实存在的轮廓。为了穿透这些存在的核心，我想重新理解作为同时代的'战后'，面向明天，重新理解我们的时代。"

战后文学一边对抗着涌上心头的绝望，一边继续相信"未来"。对大江而言，他们既是给他指明前进方向的先贤，又是值得信赖的同志。在上文提到的《如何理解战后文学？》中，大江还写过这样的话："有一天，我要吹响号角，宣布我们继承了战后文学。"由此可见，大江在他们身上看到了自己将来要走的道路，那就是凭着丰富的个性，以多种形式与时代做斗争，开拓未来。

年轻的小说家大江始终坚信，只有凭借他们的生活方式和存在方式才有可能实现"渡边一夫的人道主义"和"萨特的介入社会"。他对战后文学的这种想法也就是接班人意识，在他成为文学第一人之后也没有任何改变。例如，在一次名为"从战后文学到今天的困境"的演讲中，他高度评价了战后文学家，认为"作家们的能动性姿态，一下子拓展了日本近、现代文学的范围，并使之焕然一新"。

在"战后派"以及他们的文学不断给大江带来创作灵感的同时，处于"战后派"与大江这代作家之间的、被称之为"第三新人"的那些人，例如安冈章太郎、小岛信夫、岛尾敏雄以及吉行淳之介，还有远藤周作等优秀的作家和文学评论家，对于大江这一代作家来说，他们是既有教养又有经验却"不很友善"的作家。他们经常在日本著名文学杂志《近代文学》上发表文章，以挑剔的眼光对以大江为代表的年轻作家加以批判，有善意的也有恶意的。个性鲜明的大江曾表示，豁出去也"要与这样一些批评家的对抗中生活下去！"不过，总的来说，这些评论家们从评论角度推动战后文学的发展，也对大江产生了影响。大江认真地阅读了那些作者的文章，曾明确说过："在我文学之路的出发点上，也就是战后文学的理论家们给我的帮助是最大的。非常幸运的是他们对我后来的前进方向产生了决定性的影响。"

4. 才华初露：荣获"芥川奖"

"芥川奖"是1935年1月与"直木奖"同时由《文艺春秋》杂

志社创立的。20世纪30年代，担任杂志社社长的菊池宽目睹直木三十五等文学挚友一个个驾鹤西去，文坛一片荒凉，于是提议设立这两个文学奖以鼓励新人，纪念故人。在1935年的《文艺春秋》"新年号"上刊出了芥川、直木奖的创设启事及评奖办法，二者分别是纯文学领域和大众文学领域的新人奖。相对而言，前者更注重作品的前瞻性和艺术性，后者则偏向通俗性和故事性。"芥川奖"以对艺术的公正、忠诚的态度扶植了大量文学新人。许多文学青年都是通过"芥川奖"在文坛获得了立足之地，开始了日后的文学生涯的，大江便是其中的一个。

大江进入东京大学之后，仍然继续着从内子高中时代就已经开始的创作活动，只是在大学阶段他的创作重心从诗歌转移到了小说和戏剧。他的话剧《天的叹息》、《夏天的休假》、《死人不会说话》相继获得东大学生话剧剧本奖佳作。而他1955年创作的小说《温柔的人》，已经获得《文艺》第三届全国学生小说大赛佳作奖。由此可见，大江一直在用自己的方式坚持着创作。在大学三年级到四年级之间的那个假期，一直在读加斯卡尔的原著《野兽们·死人的时代》以及老师渡边一夫对其的译文的大江，又有了尝试写作小说的欲望。正好，他的一个朋友住进了东大医院。大江去探望朋友时，关心地问道："情况怎么样？"朋友回答："每天下午一点到六点，东大医院饲养的那些用于实验的狗就叫开了。"这个回答出乎大江的意料之外，他没想到现实生活中也能在医院里听到狗的叫声。这与他正在阅读的《野兽们·死人的时代》有些共通之处，特别是对小动物的表述，加斯卡尔在作品中已经出色呈现。大江灵感顿涌，《奇妙的工作》便因此诞生。

1957年5月，《东京大学新闻》"五月祭"悬赏小说正在征稿，大江便以刚刚创作的短篇《奇妙的工作》应征"五月祭"。小说描写了大学生打工干杀狗工作时的虚空心境。国立大学学生"我"和女大学生、私立大学学生三人应聘帮助屠夫在三天内宰掉150只狗。当宰到第70只时，"我"的腿被红毛狗咬了一口，据说还必须注射一支防狂犬病针剂。这时警察来阻止"我们"工作，因为肉贩子把狗肉非法卖给肉店，让店主给告发了，他本人则一走了之，而"我们"不知道去哪里领工钱，也不知道狗咬伤的处置费由谁来负担。这个短篇里所展现的狗和"我们"的生存状态，看上去就是一种荒诞，但这也正是那一代青年虚无心情的体现。大江以敏锐而清新的感受，勾勒出"我们"当代青年的形象轮廓，宣泄了一种虚脱症状的徒劳感和挫折感。

《奇妙的工作》深得文坛大腕评论家的青睐，一举获奖。小说发表后，首先受到了日本战后著名民主主义评论家荒正人的举荐："作品抓住了现代最年轻一代的虚无心情，并将其构架在一个事件当中，对作者的这种本领，我深感钦佩"。接着，与荒正齐名的评论家平野谦在《每日新闻》文艺时评上也对这部作品给予了充分肯定，称之为"既具有当代的现实意义，又具有艺术价值的作品"。他表示："我想首先推荐这个年轻学生的作品为这个月的佳作"，并在以后的评论中褒扬道："我十分钦佩其内容的独特性及新鲜感"。大江幸运地在两位大伯乐的扶持下成为"大学生作家"，也因此得到了在《东京大学新闻》上读过《奇妙的工作》的大型文艺杂志《文艺春秋》编辑局长池岛信平对他的知遇之恩，自此正式登上文坛。

3个月后，大江又发表了《死者的奢华》，仍然是和《奇妙的工作》的同类题材，这个短篇是大江"怪诞的心理现实主义"确立的标志（后文具体指出）。这篇小说获得了第38届"芥川奖"题名，但在最后的决赛中，以一票之差落选，获奖作品是开高健的《赤裸的国王》。虽然没有获奖，但这激发了大江的创作才能，1957年年底，他完成了中篇小说《饲育》，发表在《文学界》1958年1月号。大江因这个中篇小说而荣获"芥川文"学奖，从而确定了在日本文坛上的地位。

《饲育》的背景则是"二战"期间，在日本偏僻的山村中，村民们俘获了一名一架坠毁战斗机的美国空军的黑人驾驶员，并给他套上脚链关在地窖中，并由三个孩子为他送饭。在"饲育"这名俘虏的过程中，双方消除了敌意，孩子们善意地把锁链从黑人脚上取下来，让他恢复了自由。当村里的大人决定将黑人押到镇上去时，天真无邪的"我"提前跑去告诉了黑人。这时，黑人俘虏的兽性发作，抓住"我"当成人质与村民们对峙。黑人面对扑上来的厚刃刀，本能地抓住"我"的左手去保护他的头。刹那间，"我"的左手与黑人的头颅一起摔落在地。本来宁静的村庄因为一个战俘而充满了战争的恐惧，连孩子的手都在失去理智的刀刃中被斩断。如果没有战争，日本山村的孩子与美国的黑人军人根本不会成为仇敌，但是"二战"对日本民众的影响深入到了他们内心深处。当村民面对黑人俘虏时，人性被桎梏，取而代之的是生死之间、敌我双方的生命摧残。年轻的大江已经试图在用自己的方式解读战争，特别是战争中的人性，这些都隐隐透露着他的忧患意识。而故乡四国森林的生活和童年的经验，以及日本战败之后的社会景象也构成了他创作的底色。

《饲育》的获奖使年仅23岁的大江再次受到文坛的关注，并且逐渐成为战后日本文学的重要代表人物。实际上，1955年，一桥大学的学生石原慎太郎凭借《太阳的季节》获得了第一届文学界新人奖（同时还获得了第34届"芥川奖"）；然后，1957年开高健凭借《赤裸的国王》获得第38届"芥川奖"，并由此登上文坛。由此可见，日本文坛接纳大江进入现代文学世界的气候已经形成。在《饲育》中，"我"这个山村孩子在经历一场左手被斩断的悲剧事件之后，意识到"我不再是孩子了"。在某种意义上，这个中篇也是成熟了的大江的宣告："我不再是学生作家了。"可以说，《饲育》

促成了大江从"学生作家"顺利转变成"职业作家"。

5. 当不了学者，就写小说吧

大江因为邂逅了渡边一夫的专著，决定追随他的步伐，但进入东京大学后，他发现周围的同学都很优秀，老师们也都是具有压倒性优势的精英。这些都是大江难以企及的，除了他一直敬仰的渡边一夫外，还有朝仓季雄、小林正、川口笃……大江认为自己没有做学问的能力与耐力，因此他并没有选择走学者的道路，而是踏踏实实地坚持着他的创作。

大江从孩童时代开始，就在并不算了解自己能力的情况下，选择着前面的道路，其后仍不断重复着这样的选择。而且，当他自己必须面临另一种选择时，也会毅然决然地予以接受。在大江小时候读的《哈克贝利·费恩历险记》中，有这么一段情节——当哈克怀疑朋友背叛了自己时，就会毅然决然地说："那么好吧，就让我下地狱吧！"在大江的心目中，这句话早已成为一句座右铭，当他被迫面对某种艰难的抉择时，就会选择艰难的一方，而且决不后悔，义无反顾，同时还在心里对自己说："好吧，就让我下地狱去吧！"当大江想潜心创作小说，不再向做学问那条道路发展时，就在心里对自己说："好吧，当不了学者，就让我当小说家吧！"从那时起，大江就有一个习惯，遇上一段有趣的法语或英语，便试着将其翻译成日语。他喜欢在这样的阅读中寻找那种思想萌芽般的感觉，一旦有了独特的感悟，就会试着在小说中展现，也可以说大江就是在这种感觉中编织着故事。

有一次，大江在将外语与日语对照阅读的过程中，造出了"意外变哑"这个词汇，他便从沦为该状态的那些人的角度开始思考问题。大江在大学的小说创作，很多都是以这种方式开始编织故事的。其实，身处校园的大江，并没有那么多时间去体验生活，而年轻的大江，也并没有丰富的人生阅历。因此，大江并非先去观察社会，然后从中选取一个典型或理念进行创作；相反，他是从一开始就在头脑中完成观念性的东西，再将其应用于现实中合适的场面。大江用这种方式创作了不少作品，当然，这需要超常的想象力。不得不说，大江从一开始就显示出来的这种丰富的想象力，是他以后创作灵感的源泉之一，也是他高产的原因之一。

其实，在大江不断探索小说创作途径的过程中，他也慢慢意识到了自己这种创作方式的局限性。大江认为一个小说家想要生存下去，想要面向未来为自己构筑一方立足之地，需要具备两个条件：其一，要看他是否能够创造出自己独特的文体；其二，要看他是否具有编造故事的才能。但是，在这之外，大江还是领悟到了观察生活、反映现实对于小说写作的重要性。只是当时大江还是一个学生，评论界也普遍认为写出这些作品的青年无论再怎么过于观念性，却正因为年轻，才能将孩童记忆融入小说当中。事实上，大江在小说创作中，已经把观察到的东西写进了小说，只是他自己并未意识到。他的《奇妙的工作》、《死者的奢华》、《饲育》等作品确实表现了战争结束10年前后，由日本农村来到大都市的青年，在东京过着怎样一种生活，体验着怎样一种郁闷，怀着怎样一种被排斥的感情……这些都是值得去读的，从某个角度反映了同时代的现实以及那个时代日本人，特别是青年人的心态。

大江的兴趣与特长在于创作，进入大学后，他就坚持不懈地进行着创作。诗歌、剧本、小说，他都有涉及，而且得到同学们认可。但是一个作家的诞生，除了才能，很多时候还需要其他各种各样的要素。学生作家大江正好碰上了荒正人担任"东大新闻五月祭奖"的评委，这可以说是大江的运气。因为荒正人是《近代文学》的创刊人之一，也是当时最前卫的文学批评家。不难想象，能被荒正人另眼相看的学生作家自然会引起其他评论家和文学家的注意。上文已经交代，1957年5月，大江的短篇小说《奇妙的工作》获得东大新闻"五月祭"文学奖，并引起了著名评论家平野谦的注意，由于平野谦的评介，文坛开始关注这位新人，几份有影响的杂志陆续刊出大江的新作。其中，刊载在《文学界》1957年8月号上的短篇小说《死者的奢华》，成为当年"芥川文学"奖的候选作品。次年，大江的中篇小说《饲育》几乎无争议地获得了第39届芥"川文学奖"。年仅23岁的在校学生大江健三郎获得"芥川奖"，也就基本确定了他自己的人生路向，专心致志地投入创作。获奖当年，他连续出版了《死者的奢华》等两部小说集和长篇小说《掐死坏苗，勒死坏种》（又译《感化院的少年》）。《掐死坏苗，勒死坏种》描述了15个被关在感化院里的少年如何寻求成长的故事。小说的叙述者是第一人称"我"，可以看到，日本刚刚从战败的灰烬里站立起来却又摇摇欲坠的时代状况在少年的心灵世界里的投影。大江学生时代有一个共同主题，即如他自己后来所述："当时我也同样存在着作为战争中国家的百姓同社会的紧张的关系。后来，面对战败的混乱社会又产生了新的紧张情绪。我的学生生活在被占领的都市中也一直处于紧张状态。这就是我学生时代创作的……短篇小说的主题。"

其实在大江确定以写小说为生之前，他有过近两年时间的犹豫，尽管这两年他已经开始写起了小说，还为此留了一级。在大江留了一级后，也就是他24岁那年，尽管已经获得"芥川奖"，却并没有要以文学立身于世的积极想法，也没有考虑要去选择一个像样的未来，同时大江也意识到，大学毕业后就这样作为小说家生活下去，与获得稳定的生活手段是全然不同的。他甚至已经向老师渡边一夫上交了报考研究生院的申请书。

大江一直尊称渡边一夫是自己终生的老师。渡边一夫也非常看重这位学生，但他并没有鼓励大江跟随自己从事学术研究。作为一位优秀的教育家，渡边一夫很尊重学生的个性，鼓励学生按自己的性情发展。据大江后来的回忆，渡边一夫从不曾直接就他的小说做过好或是不好的表述。对于他本人，渡边一夫也没有表示过意见。只有一次，听说渡边一夫曾对先于他几年的同学，也是既写小说又不耽误做学问的辻邦生说："大江君不愧是在森林里长大的，他写小说就像林子里的泉水似的，当你怀疑是否已经枯竭的时候，就像新的泉水重新涌流出来似的，他又接着写了下去。"从这绝无仅有的褒奖之语中可以看出，渡边一夫一直都在关注自己学生，对学生的鼓励与赞美的言语虽少，但这并不影响他在大江心中的地位，相反，渡边一夫对于自行偏离了学术方向而选择小说创作道路的大江的勉励，已经让大江心怀感激。在大江最终决定选择创作小说这条道路时，他便前往渡边一夫那里要求撤回报考研究生院的申请书。大江本以为老师会生气或表示不理解，没想到，渡边一夫却说了句："就以写小说为生吧"。

就这样，大江真正开始了小说创作。

6. 怪诞的成名作:《死者的奢华》

阴暗的医学院地下室尸体处理室内，男女两个大学生为了挣钱，到这里清理医学解剖用的尸体。他们在管理员的指导下，把泡在旧酒精槽里的尸体一具具地搬到新槽。令人窒息的恶臭，难耐的疲劳，直面死亡恐怖时难以置信的淡然和冷漠，陪伴了他们整整的一天。当他们艰难地干完全部的工作以后才知道，由于办公室办事人员没有交代清楚，他们做的竟都是无用功！原来这里储藏的尸体因年代久远，已不适用于医学解剖，且又占据大量空间，应该立即处理。而第二天，文部省还派人现场检查，精疲力竭的大学生必须继续干个通宵，把刚刚倒入新槽的尸体重新捞起装车，送到火葬场火化。尽管又加班一个夜晚，但因有约在前，超时工作不增加工钱，是不是白干，大学生还得与医学院当局交涉。

这就是1957年日本《文学界》杂志上刊登的大江的短篇小说《死者的奢华》的故事梗概。小说中荒谬、阴郁的故事情节，独到的人生思索，强烈地震撼了日本的一代文化人。如果说获得"五月祭"奖的《奇妙的工作》是大江才华初露，那么《死者的奢华》则更为成熟，是大江早期创作的成名作，是他"怪诞的心理现实主义"确立的标志。

《奇妙的工作》与《死者的奢华》有很多相似之处，如：都是大学生题材，都以大学生课余到医学院临时打工挣钱为基本情节；都是令人哭笑不得的荒唐结局，大学生干了活却被愚弄或被欺骗，连工钱都没有着落；都是第一人称，叙述者"我"均在心理体验中把人类与野兽或死尸等同起来，对世界表现出存在主义的、人道主义的思索等等。但是，后者较前者无论是在思想上还是艺术上都有明显的近层关系。《死者的奢华》存在主义色彩更为浓重；主人公的心理体验更加细腻，而且深入到潜意识的领域中，对典型环境、典型性格的现实主义描写也更为完满充实。尤其是"水槽"这一怪诞空间的设定，比《奇妙的工作》成熟得多。"死者们浸在深褐色的液体里，臂缠着臂头挤着头，一半浮出液面，一半沉进其中。他们被淡褐色的皮肤包裹着，具有不亢不卑的独立感，分别向各自的内部凝缩，同时又执拗地互相摩擦着。他们的身体都有些浮肿，几乎无法辨认，这使得他们紧闭着眼帘的脸儿更加丰富。极易挥发的臭气冲天而起，使紧闭的房间里的空气更加浓密。所有的音响都缠满黏糊糊的空气，听起来十分凝重充满量感。"大江把"死者"这个客体和"液体""紧闭的房间"以及"空气""音响"的综合意象加以浓缩,充分调动起读者视觉、嗅觉、听觉的紧张,得到一种阅读的愉悦。更重要的是,大江这种凝缩到"死者"尸骨中的怪诞的文体,在当时沉寂的日本文坛上独树一帜,引起普遍的关注。当时的"芥川奖"评选委员川端康成和舟桥圣一都称赞这篇小说"题材独特",具有"积极意义的颓废倾向"和"病态的能量"。

小说中的三个主要人物:"我""女学生"和"管理人"都是活生生的真实人物,但他们对社会生活与外部世界的心理体验又是超现实的、荒诞的。作为某国立大学文学部法文科的20岁男大学生"我",用功学习,易害羞爱沉思,但和很多战后一代青年人一样"没有理想","我"能照顾体弱又怀了孕的女大学生,但一旦深入交谈,又表现出惯有的冷漠。"女大学生"在大学期间未婚先孕,也知道"自己活着就带着如此暧昧的感情",但为了挣得流产费用,她不得不来打工,以致皮肤粗糙,表情疲劳,面容呆滞,过得浑浑噩噩。"女大学生"这样的生存状态与肚子里鲜活的生命形成了对比,怀着孩子干着搬运尸体的工作,活人世界与死人世界被她联系在了一起。"管理人"50岁左右,干尸体处理室的管理人已经有30多年了。他干活时熟练、自信,甚至充满自豪感,因此他表示"不明白""我"为什么能"既不抱理想,也没空儿绝望"地活着。他对工作的态度与"我"和"女大学生"完全不一样,所以尽管他与年轻人在工作上还算处得来,但是在思想上仍存在差异与隔阂。

这三个人,都不同程度地在不同的生活领域内陷入了困难而又矛盾的境地。"我"是因为贫困才在课余去打工挣钱补贴学费的,但因为打的这份工是人所不齿的搬运尸体的下贱活儿,结果"我"在两个方面都陷入了困境。一方面,感觉走出尸体房,所有事情会变得更加困难;另一方面,报酬还没有着落。在大江的笔下,

"我"是战后新一代青年的代表，代表着被社会所捉弄、不能掌握自己命运、人格被生活所贬低、具有虚无主义价值观的一代青年。"女大学生"一直纠结在肚中的孩子到底是做人流还是生下来的难题之中。本想打胎的她在与死人世界的接触中，居然产生了打掉胎儿会"难以摆脱杀掉他的责任"的负罪感。这同样是一个被沉重的生活压迫而失落于虚无的青年，她还在生理上承受了不堪忍受的压力。"管理人"因为上级的错误而要承担责任，不甘屈辱又不得不当替罪羊。很明显，大江笔下的"管理员"是年轻一代的陪衬，他们那一辈的思想既保守又认真，忍受着伤害还依然努力地活着。这样的对比将战后新一代青年精神的虚无感表现得更加强烈。

大江在小说中通过"我"的感觉，展示了一个生与死、人与物的模糊界线，给读者以怪异、荒诞的艺术感受。小说还两次描写了死者与活者的对话，谈论战争、政治、人类的优越感等。在大江笔下，生与死的界限被打破，物理时空与心理时空的区别也被有意识地加以模糊化，造成虚虚实实、真真假假、模糊不清的印象。如小说叙述保管尸体的地下室的"天窗的外面洋溢着初夏艳丽的阳光，有着明朗的天空和清新的空气。"但是，"我"一进地下室，立即就产生了时序颠倒的变化或错觉："白色的光亮如一团水汽从肮脏的玻璃天窗那儿照进来，我觉得犹如冬天薄云的早晨。"真实大地上普照的夏天的阳光，变成了虚幻的地下室里的冬天的阳光。大江借人物的心理抹杀了夏与冬的区别，模糊了时空观念，怪诞色彩浓厚。这种深入到人物潜意识与幻觉方面的心理描写，也使得大江的创作独具特色。大江在创作之初，已经在"生与死"的问题上表露了一种对人类生存状况的关注，并显示了他的"怪诞的心理现实主义"的艺术手法。这篇《死者的奢华》深受川端康成的欣赏，大江"异常的才能"初露端倪。

第四章 幸福与磨难同在

1. 邂逅爱情

在大学期间，年轻的大江就显示出了超出常人的小说创作才华，并受到日本众多文坛前辈的推崇，成为知名的大学生小说家。当然，也受到很多文坛人士的批评，因为大江的创作常常影射政治，不时地会受到日本一些党派人士的威胁恐吓，让大江心力交瘁。

不过让大江在当时和后来的时日里，一直倍感幸福的是，娶到了一位温婉贤淑的妻子——伊丹由佳里，她一直细心照料着大江的生活，在背后默默地支持着他的文学事业。她和大江一起面对"残疾儿"光的诞生和成长，用自己柔弱的肩膀担负起家庭的责任，让大江即使受到来自各方的压力也不至于垮掉。

与"残疾儿"共同生活的选择，不仅仅对大江现实生活产生了巨大的震动压力，也影响了他小说创作的走向。因为这个孩子，大江拓宽了自己的视野，更多地关注残疾人的生活，并由此扩展到考察整个人类的生存状态，拷问生命的价值，升华了自己的文学主题。

在大江的许多作品中，有一个很容易被误解的地方就是"性用语泛滥"，这并不是低俗的表现，而是大江在诺曼·梅勒的启发下，通过对"性"的思考和表述，来深刻反映日本战后政治以及战后青年一代的生存境况。可以说，大江描写的"性"，是采用的一种现代小说手法，对一直存在于文学根部的问题，即对"人为何物"的研究，它的目的绝不是刺激人类的低级趣味。

大江在松山东高中就读时，被别人看作是"怪人"，常常感到非常孤独。但幸运的是，他在那里遇到了除了母亲之外，第一个能真正理解他"内心生活"的人，就是上文曾提到过的——伊丹十三（他是第一个将日本电影推向最高水平的导演伊丹万作的遗腹子，后来也成了一位才华横溢的导演）。

当时，伊丹十三这位风度翩翩的美少年爱好广泛，醉心于古典音乐，爱好画画，他的画风格典雅，颇有乔托风格，同时喜欢看外国电影，当然也爱好文学。这位浑身散发出艺术气质的少年，非常欣赏大江的文学才华，一直鼓励大江进行文学创作，在大江成为小说家的道路上，他起到了非常重要的推动作用。与伊丹十三的相遇，不仅对大江走上文学道路产生了重大影响，而且也让他邂逅并找到了相伴一生的挚爱——伊丹由佳里（伊丹十三的妹妹），大江通过伊丹十三结识了伊丹由佳里，后来他们断断续续地一直保持着交往。大江上了大学之后，与伊丹由佳里的交往开始频繁起来，并深深爱上了这位内心丰盈温柔体贴的女子，他跟伊丹由佳里约好大学毕业就结婚。

为了仔细考虑和大江结婚的事，由佳里这位慧心的女子用一种很奇妙的，也是特有的方式，一个人去参观了大江从小生活的那片森林里的峡谷村庄。一开始是大江的母亲和妹妹陪着她，后来是作为森林协会技术员的阿义哥，用其所特有的细心周到，领她去了大江以前曾经走过的地方。

在大学三年级的时候，大江开始写小说，埋头写了两年，结果留级了一年。1960年2月，大江健三郎和伊丹由佳里结婚，并没有像事先约定好的，等到大学毕业。结婚时，出生于1935年1月31日的大江25岁，由佳里则比他小两岁。和一个学生时代就已经是知名作家的大江结婚，由佳里内心是什么感受，现在不得而知，但我们仔细想来，她的婚后生活根本无法用"平凡"来形容。不过，对由佳里而言，早在她和大江健三郎这个"怪人"相识并决定结婚的

大
江
健
三
郎
传

053

时候，对这种绝不"平凡、普通"的生活，心中便应该有了准备了吧。1960年，新婚不久的大江健三郎去中国旅行，1961年有好几个月去欧洲旅行。此后因工作关系不断在世界各地和国内各地旅行。1963年3月长子光出生，但是先天性的畸形，脑部有缺陷，智力发展缓慢；1967年7月长女菜采子出生；1968年10月光接受脑外科手术；1969年7月次子樱麻出生。

虽然从带有自传性质的《康复的家庭》等作品中我们可以隐约地看到，在光长到一定程度后，弟妹都会帮助母亲照顾他。大江家三个小孩关系都非常好，但是，一个主妇带着一个身患残疾的孩子和两个年幼的孩子，该是多么辛苦的事情。作为一名作家，大江在家的时候还能搭把手，两个人能一起照顾残疾儿，可是当大江长期不在家的时候，由佳里肩上的担子该有多重，简直令人无法想象。

虽然大江因走上文坛而受到追捧，可是在那背后，也有一些公然的轻视和侮辱。细说起来，就是很多人认为这个只靠表面才能一直写小说的青年，很快就要走到尽头。另外，还发生了"《十七岁》事件"（大江健三郎以右翼少年山口二矢于1960年10月12日刺杀社会党委员长浅沼稻次郎的事件为原型，在1961年的《文学界》一月号发表了中篇小说《十七岁》，后在该杂志二月号发表其续篇《政治少年之死》。右翼团体则以"对天皇不敬"为由对大江以及《文学界》发出威胁，在没有得到大江本人同意的情况下，《文学界》擅自在三月号上登载谢罪广告。），当时大江陷入到了非常窘迫的境地，仅有的那几个结识不久的文坛朋友也与他断绝了关系。和大江刚刚结婚一年多的妻子由佳里，感觉到大江的困扰之后，默默陪他一同过着孤独的生活，支持他的文学事业。

进入20世纪80年代之后，具体地说，就是从《现代传奇集》和《听"雨树"的女人们》所收录的各个短篇开始，大江有意识地在作品加入了"我的生活"。不过，令人觉得不可思议的是，和身患残疾的长子"光"以及他的弟妹，还有住在四国山谷间的村子里的母亲和妹妹，以及大江身边活跃的音乐家和学者们比起来，妻子"伊丹由佳里"在小说中出现的时候几乎感觉不到任何的实际形象。

随笔的情况也是如此，勉强算的话，也就在大江获得诺贝尔文学奖之后，出版的两本随笔集（她负责插图）——《恢复的家庭》和《宽松的纽带》中，作为"主角"之一出现过。当然，虽说是在作品中加入了重构之后的"我的生活"，但在大江80年代的作品中，并非完全没有"妻子由佳里"的身影。相反，她的出现频率和"光"一样，高得异常。但是，那也不过是作为"光的母亲""作家某某的妻子"出现，遗憾的是，大江并没有像描写母亲那样，通过十分具体的事例来写由佳里对大江生活的影响。

但在读大江的长篇小说《人生的亲戚》时，也许我们会思考这样一个问题，虽然这部小说是大江在观察光就读的特殊教育学校里父母们的时候，得到启发而创作的，但是里面的原型实际上不就是由佳里吗？在这部小说中，所有对残疾人感伤式的同情和怜悯统统被拒绝，主人公靠女人柔弱的双手养育着一个患有智力障碍的长子和一个因交通事故致残的次子，这个人物形象总是和由佳里重合在一起。尽管主人公将保护人类的尊严定位为道德家的原点，并把与残疾人的"共生"看作是发现这一原点的途径，但是，最后两个儿子都自杀了，此时主人公内心的悲伤和自从光出生之后就无法抹去的由佳里的悲哀是相通的。当然，在这悲哀背后，是对光无尽的爱。不过，大江在《人生的亲戚》中描写了这样一个现实，那就是光靠爱是无法和残疾人所面对的现实进行对抗的。这部小说也是大江对为日常生活而奋斗的由佳里的呐喊助威。

在《宽松的纽带》中，有如下记述："要说我的家里人，一个是我的母亲，一个是我的妻子，据我所知，她们都是非常upstanding

的人。母亲以去世的艺术家父亲为荣，性格单纯得有些与众不同，而妻子则凭借一介弱女子之力独自支撑着一个才华横溢却行为古怪的哥哥。"

根据大江的解释，这里的upstanding是一个形容词，它的意思是"直立的、姿势笔直的、高洁的、正直的"。从上面的引文中，我们可以看到大江对妻子的信任和感谢，感谢她近三十年来用upstanding的姿态维持着以残疾儿光为中心的家庭生活。

在这段引文之前，大江还写了这么一句话："有decent且upstanding的朋友是多么美好的一件事情啊。"其中decent是指"内心的优良品质"。如此看来，对大江而言，妻子由佳里正是此类朋友中的第一人，《康复的家庭》和《宽松的纽带》便是最好的证明。

可以说，就其精神而言，由佳里好比是大江的镜子。正因为如此，由佳里在得知哥哥伊丹十三自杀的时候，才能够像所有令人敬佩的母亲一样，用毅然决然的态度摆脱苦闷，并面对因好友先自己死去而备受打击的丈夫。

虽然在大江的作品中，一些类似于"由佳里"性格的内容，给人的感觉是——"由佳里"的形象总如云山雾罩。但从这种写法来看，也许正好说明了"由佳里"和大江是一体的，对大江来说，根本没有必要具体来写"由佳里"。也就是说，因为大江和妻子"由佳里"离得太近了，爱得太深沉，所以无法将其对象化。或者说，对于大江而言，"妻子由佳里"和"母亲大江小石"属于同等的存在，因此关于母亲，大江写了很多，而这一行为可以认为是对"妻子由佳里"的补偿。换言之，对于作家大江健三郎来说，住在四国爱媛县里的大江小石是"峡谷村庄里的母亲"，而大江由佳里则是"东京的母亲"。

2. 1963年的选择——"与长子共生"

　　1963年6月，大江健三郎的长子出生，这个孩子一出生就处在濒死的状态，整天躺在特殊的玻璃箱里。当时医生告诉大江，孩子的头部长了一个大瘤，必须进行手术治疗。医生还说，不知道手术是否可以延续孩子的生命，即便生命得以延续，也会遗留下残疾。那位年轻的医生特地来到大江的住所，甚至说是"大概会成植物人吧"，并建议大江放弃这个孩子。

　　一切就这样开始，从孩子出生那天起，大江就陷入忧郁和苦闷之中，每天前往医院探望孩子，还要去另一家医院探望妻子，奔走于两个医院之间，生活就这样持续着。大江的母亲大江小石从四国森林来到东京，帮助料理日常生活，那会儿大江正在阅读西蒙娜·韦伊（法国哲学家、神秘主义思想家）的作品，他母亲暂居在隔壁的房间，痛苦的大江即便回到家，也几乎不与母亲搭话儿，只是阅读西蒙娜·韦伊的作品。

　　那作品中有一则因纽特人的寓言，说的是在世界刚开始的时候，这大地上只有乌鸦，靠啄食落在地面上豆子为生，但是四周一片漆黑，无法看清楚饵料。于是那乌鸦就在想，"这个世界若是有光亮的话，啄食起来该有多方便呀。"就在乌鸦这么想的瞬间，世界便充满了光亮。韦伊在她的书里写道："如果真的希望、期待、祈愿，只要我们真的如此希望，那么你所持有的希望，就会得以实现。"

　　就在那会儿，世田谷区户籍管理所的工作人员送来了通知，表示"听说贵公子诞生了，好像还没出院，不过尽管如此，也必须进行户籍登记，到登记的截止日，只剩下三天时间了"。于是大江就与妻子商量，躺在医院的妻子，想让大江办理相关手续，并给孩子取个名字，这些事情弄得大江晕头转向。

回到家，大江对母亲说起了从韦伊的作品中感到的共鸣，告诉她"我打算从韦伊的书里，给孩子取一个名字"。母亲就说："那好呀。"其实面对这个先天性的残疾儿，大江感到痛苦、颓废，甚至绝望，人在这种状态下，往往会说一些不入耳的话。他对母亲说："我已经想好了，就叫乌鸦这个名字，大江乌鸦就是你孙子的名字了。"大江刚这么一说，母亲便怒上心头，下楼去自己的房间了。大江为此感到了后悔，第二天清晨，大江正要去办理户籍手续，母亲以为大江已经决定了，也没有什么可以多说的了，于是说："乌鸦这个名字也很好嘛。"于是大江立即表达了自己的歉意："昨天真是对不起，我把名字改成了光。"很凑巧的是，大江妻子的名字是"由佳里"（日语发音为yukari），而光（日语发音为hikari）这个发音则合着那个韵脚，妻子得知也觉得这个名字蛮有意思。

大江曾经对光的生与死做过痛苦的选择，也想过放弃。但大江身上存在着某种乐观的东西，在这种场合他会认为，好吧，既然遇到了这样的一种困难，那就竭尽全力干上一场吧……虽然平时总是感到悲观，可一旦遇上实际困难，便会端正态度，认真对待，这就是大江的另一种性格。尽管被医生说是："就连能否活下来都不知道"，可大江看着在新生儿病房里的儿子，虽然头上顶着一个大瘤，却与那些患有内脏疾病、面色发青的孩子不同，他满面红光，在一天天迅速成长，显得精神十足，以致被相邻病床那位婴儿的母亲说为"讨厌"。

大江每天都去医院隔着玻璃窗探视，望着孩子的脑袋、脸，想起哲人埃利亚代的话："人类生存是不可能被破坏的"，于是培养起一种坚定的想法："既生之则养之"。在《"温柔"的定义》

中，他写道："于是，面对'这个可怜的小东西'我决定要成为一个证人，证明他活过、存在过，也就是说，我决定好好接受这个孩子，跟他一起生活。而且我当时就预感到，我的证词肯定会成为我一生的文学。"

几个星期过去了，婴儿还活着，他确实是存在下来了。就在这个过程中，大江逐渐产生了一个想法——设法朝着光明的方向前行，他认为自己起的光这个名字是正确的。这意味着大江从儿子光身上感受到了巨大的鼓舞和喜悦，因为光让他看到，为了带着"残疾"活下去，这个长着可怜外形的小人是如何"生存"的。但是，如果要把残疾儿（人）当作一个有尊严的人来看待的话，不管你认不认可，就意味着你必须要和社会的存在方式发生冲突。尤其是在财政状况紧张的时候，行政和权力的一方就会立刻抛弃、排除弱者，这样，就不可避免地要和它们之间产生摩擦与对立。所以，决定和"残疾儿（人）/社会的弱者"共生的人，就必须和残疾儿（人）一样，必须二十四小时不间断地和人的"生命"相对峙。但大江最终还是决定直面这生命的大痛楚，接受这个孩子存在的事实。

大江一直十分关注长子的成长。光虽生存下来，但幼年的光听不懂人类的语言。光6岁那年，大江带他去看山中森林里的小河，光听见从林间传来鸟声，竟对鸟儿的欢鸣做出意想不到的反应，第一次用人类的语言说出："这是……水鸟"。于是大江看到了希望，全身心地培养光学习作曲，让他把小鸟的歌声与人类所创造的音乐结合，并在其中成长为一个作曲家。大江由此感受到儿子为自己实现了自己幼时的能够听懂鸟类语言的预言。

在大江健三郎呕心沥血的帮助下，大江光从孩提时代起就潜心作曲。1992年10月，28岁的大江光所创作的小曲集被录入CD盘出版发行，发行状况超过唱片公司的预想，在当年非通俗乐曲的销售排行榜中名列前茅。1993年初，大江光癫痫病发严重，持续数日之久，大江的妻子也就是光的母亲由佳里，忧心忡忡地说："这次是大江光有生以来发病最严重的一次，以后恐怕再难谱曲了。"然而一年之后，大江光创作热情重振，大江光创作的录有22首乐曲第二张CD盘得以成功发行。参加大江光CD录音制作的长笛演奏家小泉浩深有感触地说："他的曲子热情、奔放、激昂，具有相当的深度和广度，人们欣赏他的心曲，备受感染。"

大江光这个"可悲的小生命"诞生时发生的意外，以及从光的音乐中感受到的"阴暗灵魂的哭喊声"，成为大江健三郎文学生涯的一个组成部分。在跟谷川俊太郎的对话《表现行为和孩子》里，大江健三郎说："对我来说，弱智孩子的诞生，就是这个世界给我的第二次'入社式'。"《个人的体验》就是在这种情况下创作出来的。小说描写一个年轻的父亲，把患有脑残疾的婴儿送进手术室，挽救了一个幼小的生命，"并选择了伴他痛苦与他共生的道路"。

从《个人的体验》到另一部60年代的代表性长篇小说《万延元年的足球队》；70年代的《洪水涌上我的灵魂》、《摆脱危机者的调查书》；80年代的《新人啊，觉醒吧》、《MBT与森林里奇异的故事》、《写给令人怀念的时代》、《人生的亲戚》；90年代的《平静的生活》、宣布为最后小说的《燃烧的绿树》三部曲，还有四年半之后再度执笔创作的《空翻》以及新作《愁容童子》，在大江的所有作品中，残疾儿长子光都会通过各种各样的形式，经过重构出现在其中。当然，大江采用的是反"私小说"的写法。而且，这个"和残疾儿（人）共生"的问题，理所当然地成了大江文学的最大特征之一，同时也引起了读者极大的兴趣。

在四十余年的文学创作生活中，大江健三郎感到最困难的莫过于表现自己残疾儿子的心声。在同一书房里，大江健三郎一边倾听着大江光弹奏的钢琴曲，一边观望着似乎可以凭借音乐创作而自立的长子，大江就开始思考着：他的困难便是人类的问题，只要他还活着，就一定会面向设法解决的方向努力。和残疾儿的共同生活，即"与长子共生"，使大江重新认识了到这一生存方式的基本原理。作为一名作家，大江把握住了这个机会，并由此决定了自己的文学方向，从这层意义上看，这显然是一个正确的决定。

3. 对"性"的思考

大江在早期创作中主要注重于对"被监禁的状态、在封闭的围墙中生活状态"的描写，与此同时，我们可以看到，寻找脱离这种状态的可能性，也是他的创作主题之一。而他把这一可能性主要定位在"性"的问题上，这显然也是时代使然。

大江对于"性"的思考可以说是受到了诺曼·梅勒的启发，因为梅勒曾经说过："性，可能是19世纪和20世纪初的小说家尚未发掘完毕、留给我们的最后的处女地了。"不知何故，这段话对大江产生了很大的触动。简单地说，大江从陀思妥耶夫斯基、日本的自然主义文学、战后文学开始接触文学，在渡边一夫的法国文学的引导下，阅读了以萨特为首的许多作家的小说，他早就感觉到：战争与和平、人的心理和犯罪意识、生与死、人的生存方式等问题，已经被许许多多的作家讲完了。于是，《裸者和死者》、《为我自己打的广告》等小说的作者诺曼·梅勒的这番话，很自然地在大江心中产生了共鸣。

大江认为《我们的时代》是他"第一次把'性'作为最重要的因素引进到小说中"，这部小说开头是这样写的：

"一边进行快乐的动作，一边思考形而上学的问题，全力调动精神的机能，恐怕绝非低级趣味。尽管带有几分滑稽可笑，但这是大人的方式。南靖男一边将他年轻健壮的肌肉、白皙光滑的皮肤全部沉浸在愉悦的涔涔汗水里，热烈爱抚着中年妇女汗水淋漓的柔软的身体，一边自由自在地进行孤独的思考。孤独的思考，其实莫如说是不断重复的自我厌恶和周而复始的充满绝望的思考，是一种自暴自弃的情绪，他的情人允许他在性交的时候思考问题，她通情达理、善解人意。在和比自己年轻的小伙子睡觉时，她不是那种只让人家一心一意地迷恋自己那个东西的初出茅庐者，她也不愿意这样。小伙子趴在她的身上思考别的事情，这样可以延长性交的时间，她也就心满意足了。于是她急促地喘息着，沉浸在欢愉之中。"

这段引文中所出现的"性"的描写，在日本文学传统上显然是个特例，这种大胆的性描写给人以鲜明的印象。一边性交，一边思考"形而上学"的问题，类似的描写在后面的文字中继续出现。而且，"阴茎""勃起""精液""阴毛""阴道分泌物""海绵体"等性用语充满了整篇小说。但是，正如很多评论家指出的那样，尽管作品中充满了露骨的性器官名，性用语泛滥成灾，但是让人觉得不可思议的是，从中感觉不到任何色情主义。例如在《摘芽击仔》中的少年一到村子，就转悠到土墙边，向同村人炫耀他那小小的、红杏般稚嫩的小雀雀；从乡下来到东京的《迟到的青年》把东京比作女阴，"火车像嚎叫的强奸犯，冲进沉默的东京的生殖器官，却仍在嚎叫。镶着蔷薇色花边的云，从东京清晨的伤口扩散开去，犹如一滴血溶进精液。"这看上去毫无意义的性用语的泛滥，正是作者内心的必然反映，稍微留心地读一下充斥于大江小说中关于性的描写，就会发现它远远偏离了对性方面的关心。大江即使在描写性欲时，也根本不涉及异性性感的姿态和情感，也没有对异性的憧憬和执着。他关心的是自己的性器官和肉体，要不然，就只是关心女性的性器官。

为什么会出现这种情况呢？是因为大江的描写能力太差吗？实际上，大江把"性"作为一个重要的因素引入到小说当中，他顶多是把它当作"进一步研究'人为何物'的一条新线索"，或者，把它当作是"表现新的人"的一种新手法。换言之，大江描写的"性"，是作为一种现代手法，对一直存在于文学根部的问题，即"人为何物"进行研究，它的目的绝不是刺激人类的低级趣味。

大江在写"性"时往往并不进行整体描写，只作显微镜式细致入微的部分描写，并且他以孩子摆弄玩具般的好奇心来表现自己身体的一部分，表现性器。大江作品中的主人公常常对自己身体发生了变化的那部分感到惊奇，同时也对女性性器充满了好奇心，这种性冲动的倾向，与在孩提时就形成的性冲动形态非常吻合。因此，有文学评论家指出："大江小说中频频出现的性用语可视为一种内在意识的符号，它象征着自己十来岁时的内心世界。"

大江作品中的主人公大都是自恋的、没有性冲动对象。他们只是有巨大母性女人的俘虏，因此生活过得无聊而有气无力。小说的主人公挚爱自己的肉体，然而并不爱抚女性的肉体，也不为之陶醉。"那是摊给自己的苦差事，是令人难受的义务"，与异性的做爱是在这种意识下进行的。女性只由其性器来代表，她们仅被描绘成是变态、丑恶、滑稽的野兽或是薄情的无机物。性交只是表现现代日本普遍存在的战后一代青年徒劳、无价值的象征性符号。

虽然大江那样固执地描写性，可我们应该注意到，那不是他的真正目的。大江把性当成描绘人类、世界的手段来运用。就是说，在大江那里，形成了使内心世界的概念、思想、预感形象化、故事化的好方法。这样看来，构成大江文学特色的大胆、过分的性描写却丝毫不含情感因素就可以理解了。

另外，大江喜欢"把性当作是政治的暗喻"，暗喻日本当时已成为"性的人的国家"，只满足于做"强大的、雄性的美国的从属者"，这样的现实让人感到绝望。他善于剥去人类的假面，用粗俗的性比喻来涂抹世界和政治。于是，自己、他人以及世界都带有喜剧色彩，政治也改头换面变成奇怪的东西。在《我们的时代》中，投向天皇汽车的手榴弹刚被藏到厕所的脏物筐里，就被沾满女人血的脏物掩盖住了，这一段描写无聊至极。而《我们的时代》正是通过夸张地表现性，成功地勾勒出既是悲剧又是喜剧的战后日本青年的颓废形象。

4. 融入个人体验的代表作

大江的第一个孩子"光"刚出生，就被告知身体异常，脑部部分头盖骨缺损，就好像是分娩时受到挤压，脑的一部分从头盖骨那里被挤了出来，形成了一个瘤子，头部看上去像是有两个脑袋一样。这对年轻的大江造成很大的精神打击，只要是自己有孩子的人，都很容易理解。也许这么说有些歧视性，不过很多在产房门口等待的父亲，不都祈祷着"只要四肢健全就好"吗？

在亲眼看见自己的孩子之前，大江大概也没有想到，自己居然会生下一个残疾儿。然而，在现实中，它却发生了。不管大江是多么出名的年轻作家，在生活中他也是个凡夫俗子。在那个瞬间，年轻的大江似乎就进入了与以往生活全然不同的一种极限状态，我们完全可以想象出大江陷入的那种"恐慌"。在一次题为"无信仰者的祈祷"的演讲中，大江讲述到："我每天都去那儿。当时，一个大学时期的师兄，是个年轻的大夫，他对我说：'这个孩子就这么活下去的话，是要死掉的。要救他，就得动手术。不过，就算做了手术，肯定还是会留下残疾的。医院要是建议你做手术的话，你还是拒绝了的好。'"

面对这个大学里的师兄、年轻大夫的劝告，大江的内心大概涌现出"困惑""混乱"或者"厌恶"的心情，以及随之而来的无法对外宣泄的黯淡的念头。但大江最终还是拒绝了他的建议，选择与"残疾儿"共同生活，并把他作为文学创作的一个主题。

以这个"残疾儿"的出生为题材，大江先是创作了一部短篇小说——《空中的怪物阿古意》，发表在大江早期的长篇小说代表作——《个人的体验》之前，可以看成是"双胞胎"的作品。

这篇小说的主人公是个年轻的作曲家，认为残疾儿的存在妨碍了自己的音乐活动，最终同意把这个残疾儿给隐藏起来，让那个孩子衰弱而死。但是，由于受到内心罪恶意识的谴责，他在最后精神崩溃，故意撞车自杀。这篇小说可以说是直接反映了当时大江痛苦的心路历程，他后来谈到这篇小说时说："对于现实生活中的孩子，现在我也许会发现自己是一个无法正视孩子的人。我在小说里描写了杀死孩子的父亲，但是，我自己却从来没有想过要杀了他。"

当时，大江试图通过创作这部小说来确认一个事实——与智力发育缓慢并患有智障的孩子共同生活下去，那就是自己今后的人生！大江把与现实生活的悲惨状况，同接受"写出纯文学的、全新的特别作品"的约稿连接起来，将自己生活的痛苦写入小说的进程，就这样开始了。于是便诞生了的大江的早期代表作——《个人的体验》。

这篇小说的主人公——"鸟"生下了一个残疾儿。他无法忍受自己去美国梦想的破灭。一方面医院认为只要做手术就能救这个孩子，另一个方面，"鸟"又受到诱惑，希望这个婴儿"衰弱而死"。小说主要描写了"鸟"在这两者之间来回摇摆的心理。而且，迟迟拿不定主意的"鸟"和女性朋友火见子一起喝酒上床。反复彷徨之后，在最后一刻才决定要给孩子做手术，由此"告别了青春"。小说的最终结局是让孩子活下来。

小说创作接近尾声，也为现实生活画上了一个句号……当然，在现实里，大江和光的共同生活还在继续。《个人的体验》最后一段明显地显示出作者的意图——借此表明自己作为"人道主义者"的矜持。这部小说刚一出版，就遭到三岛由纪夫的批判："这是一部必须以大团圆收尾的那类小说。"他认为小说的最后一段"画蛇添足"。在当时，大江觉得最后一段是自然形成的。于是就反驳说："想要与孩子共同生活下去的决心非常重要，使得主人公作了如此决定。其后，便如同自然涌泄而出的水流一般写了下去，而且没做任何修改。"后来这个反驳又遭到了江滕淳的批判。另外，美国一家出版社在出英文本版时，也曾要求对这一段进行改写，却被大江拒绝了。

批评家龟井胜一郎在战争时期是国家主义者，战后则对佛教有很深的研究，他也指责说："这位作家的伦理性存在不彻底之处"，可大江认为，他的伦理就是同这个孩子一同活下去！这正好反映了大江的思想，即"在现实生活中，生活最终只能被正统的生存方式所强制。即使想落入欺瞒的圈套之中，不知什么时候，又变得只能拒绝它"。在所有人面临不可控制的人生悲剧的时候，我们就应该像萨义德说过的那样，"由于这是人的问题，因此我相信，如果放上一段时间，就会在明亮的方向上看到解决问题的征兆"。这实在是处于最为痛苦境地的人对事物的思考方式和感受方式。正是因为这种方式的存在，人类才得以延续至今的吧。长期以来，大江也一直坚信类似的观念。大江曾说过："存在着与智障孩子一同生活这个现实，然后，自己决定将其引入文学，写成小说。于是那部小说本身便给了我一个回报——支撑着我本人在其后的生活方式。"光诞生之后的那一年，或许是大江文学生涯中最为特别的一年。

在大江和安江良介的谈话中，大江谈到了《个人的体验》所包含的意义："在外人看来，我的人生是很平凡的。大学毕业之后开始写小说，之后的生活就是看书写字。然而，在我的内心世界却是波澜起伏。比如，光的出生就是一个巨大的波浪。

就在那孩子出生的时候，一个法国思想家来到了以索普疫苗出名的美国索普研究所，和索普先生谈了话。索普说，在中国，有个词叫'危机'，就是'crisispluschance'（危险加机会）。也就是说，中国人认为，crisis对人生而言就是chance。把'危'理解成危险，这是对的，不过，把'机'理解成chance，这是有意识的一种误读。然而，我却接纳了这个解释。对我而言，光生下来就有残疾，这就是一个巨大的危机，也是一个'chance'。克服这个危机，我获得了文学上的新生，写下了《个人的体验》。"

因此，也可以这么说：虽然大江不相信世间的和谐是根据神的意志事先安排的，但他毫不怀疑地认为，明亮的光线终将照射过来，于是就怀着这样的信念写小说，直到今天。正如他自己说的："把'光'的事情写在小说里，总能够使我面对崭新的工作，即便在每天的生活中，他也是以这种方式显示出积极因素的存在。"

第五章　在广岛的痛苦思索

1. 广岛的初接触

1963年和1964年的夏天，大江两次前往广岛，访问原子弹爆炸后的幸存者，调查原子弹轰炸后的惨状，掌握和体验原子弹爆炸所引起的各种后果和状况。他亲眼看见了原子弹受害者多年后仍患有原子病，面临着死亡的威胁，忧心忡忡地度过劫后余生。这些深深震撼了大江的内心，使他在谴责美国于战争结束前夕用投掷原子弹作为结束战争的手段的同时，讴歌了那些奋不顾身抢救伤员的日本医务工作者，对战后在原子弹的废墟上重建家园的广岛市民也表达了深深的敬意。

从1964年10月开始到1965年3月，大江将自己的所见所闻写成了《广岛札记》，在《世界》杂志连载，并于1965年出版单行本。《广岛札记》汇集了大江访问广岛的所见、所闻、所思以及对现代社会乃至现代文明的透视，对人类未来命运的探索，对生命的呼唤。在对医院里原子弹爆炸受害者的访问中，大江都能邂逅一些具有"广岛人"特质的人。他们直接地给了大江勇气，并让大江找到了测量内心硬度的支点。更为重要的是，他们成了大江将自己从忧郁深渊中拉上来的有力"绳索"。

广岛之行不仅使大江走出了个人生活的危机，还形成了"核武器"意识，并写了一系列关于核武器的作品。畸形儿的诞生和原子弹的爆炸，都是人类无法抗拒的灾难，面对这样的巨大打击，人该怎样生存？大江作为残疾儿的父亲和广岛原子弹受难者面临的是同样的问题。时间上的偶然性，使残疾儿的降生和广岛之行联系在了一起，同时也给大江的创作带来了新的转机。他将自己的体验融入了作品中，关注人性的基本面，关注核爆生还者在恢复生命平凡轨迹过程中的巨大努力。从此，人类对原子弹爆炸的态度和面临核武器威胁的问题，成为大江文学所要表达的主题之一。

　　可以说，与广岛相遇是大江创作的又一个重要源头，成了他"最有分量的、最具影响的存在。"

　　1945年7月，美、英、中三大国关于日本武装力量无条件投降的要求，遭到日本帝国政府的无理拒绝。因此，美国总统杜鲁门（1945年4月12日，副总统杜鲁门宣誓接任刚刚去世的罗斯福总统之职）决定向日本投掷原子弹。蒙在鼓里的日本政府丝毫不知道灭顶之灾即将降临。

　　在这之前，广岛一切照常，母亲刚刚给孩子嘴里塞进糖果，高高兴兴地送小宝贝到幼儿园；小学生刚刚喝完一杯豆浆，提着书包走进校园；公务员刚刚坐上早晨第一列电车，匆匆忙忙走进机关；恋人们正手挽着手儿甜蜜地规划着美好的未来；老人们在公园散步……

　　8点15分，电子音频戛然而止，飞机骤然升高十英尺，沉甸甸的"小男孩"翻滚着跃出机舱，扑向大地。谁也不曾想到，8时15分43秒刚过，"小男孩"不偏不倚地在广岛上空爆炸了！对广岛居民来说，这是出乎意料的事。当其中的一架飞机飞临广岛上空，降落伞从飞机肚子里落下来的时候，几乎没有人重视它，有些人见到伞上挂着一个细长的东西，像是一根黑色的粗木棒，在空中悠悠地飘荡，随着风势徐徐向下降落。但是，谁也没料到，它是一颗威力极大的新型炸弹。

　　整个广岛大地在狂风、热浪、大火和冲击波中剧烈地颤抖着。原子弹爆炸产生的热浪和引起的大火，吞没了近20万人的生命，还使10多万人身负重伤、无家可归或沦为孤儿，近50万人口的广岛实际上已不复存在了。在日本全部有文字记载的历史上，原子弹爆炸

大江健三郎传

071

被列为伤亡最大的灾难。

时隔18年，1963年的夏天，大江的长子濒临死亡，好友在巴黎自缢身亡。在这样一个关键时刻，大江受到《世界》杂志编辑部的邀请，去广岛采访禁止原子弹氢弹世界大会。此时的他，精疲力竭，忧郁沉闷，心情黯淡凄凉。可能是偶然，也或许是必然。在广岛一周之后，大江竟发现了能将自己从忧郁的深渊中拉上来的"绳索"，这条有力的"绳索"便是那些真正具有"广岛人"特质的人们。那些真正的"广岛人"的生活方式和思想给大江留下了深刻的印象。他们直接地给了大江勇气，并让大江找到了测量内心硬度的支点。大江在对广岛的访问中，每次都邂逅一些具有"广岛人"特质的人，他们给了大江最为深刻的感动与震撼。

事实上，大江在这之前曾经去过一次广岛。1959年，纪实摄影家土门拳拍摄了一组有关广岛的照片，大江当时对广岛还未开始真正的理解，他只是感动于这组照片。年仅24岁的大江在《土门拳的广岛》中这样描述："所有的关于原子弹爆炸的照片集都是以1945年8月6日发生原子弹爆炸的这一天，焦点都集中在这一天，带有强烈的报道照片的特点。而土门拳则不同，他的镜头对准的是今天的广岛——1959年的广岛，所有的目的都是为了用现在时去表现人与原子弹爆炸之间的斗争。极端地说，这就是土门拳的《广岛》所具有的现代意义。

土门拳描写了1959年时日本人是如何与原子弹爆炸做斗争的。他所描绘的不是已经死去的、原子弹爆炸的世界，而是活着的、和原子弹爆炸做斗争的人，从这一点来看，他的照片直面艺术的本质，充满了彻底的人性……我们最关心的是我们这些活着的群体……土门拳的《广岛》所描绘的是那根本谈不上什么安息的、正在艰难地挣扎着要活下去的我们这个群体中的他们。"

因为这样一份感动，大江于1960年8月第一次来到广岛，参加了在那里举行的和平纪念祭。但是这一次时间过于匆匆，大江还未能从真正意义上去接触那些受原子弹爆炸影响的、和原子弹爆炸做斗争的人。《每日画报》连载过一个访谈，叫作《我们是纯战后的虚无派》（1961年1月—10月），其中有一期，由大江采访一个在原子弹爆炸中受伤的青年。大江倾听了他继续生存于战后的心声。正是基于以上原因，《世界》杂志编辑部才会请大江去采访"第九届禁止原子弹氢弹世界大会"。

　　大江参加的是"第九届禁止原子弹氢弹世界大会"，而各国针对"反对所有国家进行核试验"这个观点，仍然意见不一。《世界》杂志编辑部之所以让年轻的大江前往广岛去写作采访，也是本着从拥护战后民主主义的目的，让大江现场报道大会的主要情况。大江在大会现场停留了几天，但这更让他疲惫不堪，心情也更为忧郁。1963年，由于"中苏论争"的影响，应该说是社会主义国家之间围绕领导权问题产生了对立，日本受到这股政治潮流的影响，社会各个层面的和平运动都处于激烈的对立状态，有的甚至出现了分裂。当时和平的象征——禁止核爆炸运动也出现了相互激烈的对抗，组织的存在也面临着解体的危险。

　　因为各国代表围绕"反对所有国家进行核试验"的问题争论不休，大会没有什么实质性的进展。而大会的理事长安井郁面对各种复杂的分歧意见，也只能敷衍地向渴望和平的人地高喊："请再给我一点时间。"在大江看来，这是空洞的，没有半点具体的承诺，只是以"诚实"为名开的空头支票。大江失望透顶，也失去了耐心，他独自走出了会堂，来到了广岛街上。一路上，大江看到了漠然伫立的老人，看到了手持花束、燃香期待和平的巡礼的人们；看到了头上缠满绷带、脸上却带有微笑强烈渴求生命的少女；看到了从原子病医院的窗口探出头的、那些依然怀着对原子弹爆炸深深不安和恐惧的期冀和平的人们……当大江真正漫步在受害地广岛时，那些曾经感动过他的土门拳在照片集《广岛》中所拍摄的受害者，此时此刻竟成了眼前真实的存在，这些背负着沉重的受害体验的人们极大地触动了大江。他放弃了原本的采访计划，把本应采访的大会上的对象换成了原子弹爆炸医院里的受害者。

大江在原子病医院结识了院长重藤文夫，这位为救治原子弹爆炸伤员而患上白血病以及为救治第二代原子病受害者而付出巨大努力的医学博士。重藤文夫身材高大，是在原子弹爆炸的一个星期前来广岛工作的。爆炸时，他正站在候车队伍的末尾，伤势相对较轻。作为一名医生，他第一时间全力以赴地参加了抢救工作。从那时起，重藤文夫在从事医疗工作的同时，一直也关注着原子弹爆炸给广岛人们带来的无穷无尽的痛苦。通过反复观察，他进一步发现了原子弹爆炸后遗症。而后遗症中最为可怕的便是白血病，这是人类历史上史无前例的巨大灾难。

重藤文夫非常宽容地接待了大江，回答了他提出的任何问题，还为他介绍了遭受原子弹伤害的诸多患者。在重藤文夫的带领下，大江近距离地看到了那些正遭受病痛折磨的人们。一位老人无力地仰卧在床上，干巴巴的黑皮肤上，沾着一些剥落的皮屑，像搓碎的纸片一样。这位老人极力想露出微笑却没有成功，但仍用沙哑的声音向他们打了招呼。大江看到这一幕，内心一阵酸楚。一位女病人呆呆地站在走廊一角，她喜极而泣，只是因为住院后第一次走了10米远，她哽咽地把这样的消息告诉了大江身边的重藤文夫院长。身材高大的院长露出了忧郁而又慈祥的目光，这目光让大江难以忘怀。大江被这位以人类的尊严，同存在于人们体内的原子弹爆炸后遗症顽强地斗争的医生感动，对年轻的大江而言，重藤文夫便是一个广岛所独有的人，一个广岛式的人。

一面是仍然争论不休的"第九届禁止原子弹氢弹世界大会"，一面是渴求和平、渴求生命的人群，作为记者身份的大江，仍然需要在会场上跑来跑去，但在那些政治性的会议上，他更觉得自己就像无意中被卷进来的陌生游客。大江在所谓的会议上，感觉不到属于和平的气息，对他而言，真正值得去探访的人与事都在会议外，那才是真正的广岛。从那些坚持着与病痛做斗争的、坚持着呼喊和平的，坚持着在医院为受原子弹爆炸伤害的病痛者全力治疗的人们身上，大江获得了直面残酷现实的勇气。

冥冥之中，大江这一次的广岛之行并非结束，而仅仅只是一个开始。

2. 再访广岛的沉思

1964年夏，大江再一次来到广岛。在离开广岛后的一年里，大江一直关注着广岛，关注着那些生活在广岛的人们。在这一年里，大江想到这些深受病痛折磨的人，心情总会无比沉重悲痛。

大江怀着这样的心情再一次来到原子病医院。他知道，在这一年里，原子病医院又有47位病人死去了。从对死者的统计来看，一位82岁的老妇死于肝癌，其余的也大多是老年死者，有67岁的，64岁的，55岁的等等。他们几乎均死于癌症。在统计表上，众多老年死者中有一位特别年轻的死者。大江从医生那里得知，这位刚刚18岁的母亲去年冬天死于急性骨髓性白血病。她刚一出生就碰上了原子弹轰炸，而18年后，她刚刚生下自己的孩子，便因白血病发病而死。这样一位刚刚得到爱情与婚姻的女子，还是没有逃过原子弹爆炸的悲剧命运。因为这位女孩的遭遇，很多身为人妻的原子弹受害者担心生出畸形儿，担心产后会并发原子弹爆炸后遗症。大江看着这些正处于最美好年龄的女孩们，除了献上最真诚的祈祷外，不知道还能为她们做些什么。去年那位抱着花束参加巡礼的中年男子，因为全身衰弱而死。大江看着这些病情急剧恶化、死于原子弹爆炸后遗症的人们，内心涌起深深的悲哀，还有一些无助。一个因原子弹爆炸而受害、身上留有伤痕的年轻的母亲，生了一个畸形儿。母亲执着地要看一眼孩子，却遭到了医生拒绝，父亲去看孩子的时候，孩子已经死去，被处理掉了。大江知道这位母亲企望通过对畸形儿的挚爱，来恢复自己的勇气。

医院里到处都是渴望生存的人，还有竭尽全力为他们治疗的医生们，但原子弹爆炸的破坏力超乎常人想象，病人们饱受忧虑不安的折磨却只能忍耐下去。大江痛苦地看着眼前的一切，他也知道自己在减轻他们病痛方面无能为力，但他开始有意识地在自己的作品中关注人性的基本面，关注核爆生还者在恢复生命平凡轨迹过程中的巨大努力，他要用自己的笔去呼唤和平，呼唤人类的拯救。

走出医院，大江走向了靠近繁华路段的劳动会馆。去年会议的中心会场在和平公园的原子弹爆炸纪念馆。对于大江而言，那里曾充满了紧张的气氛，秘密会议室大门紧闭。所有的人都怀疑，"第九届禁止原子弹氢弹世界大会"到底能否召开。而在今年的会场——劳动会馆里，大江发现，此时的会馆没有任何秘而不宣的气氛，没有丝毫不安、困顿、苦涩的感觉。即使在略显经验不足的大会筹备工作中不时有些小小的差错和停顿，也没有人觉得有什么大不了的事情。三县联络会议——"禁止原子弹、氢弹广岛—长崎大会"将在这里举行。

大江又一次旁听了"禁止核武器会议"。去年这里是最激烈的战场，中国代表朱子奇和苏联代表朱可夫针锋相对，充满敌意的语言还在大江耳边回向。今年，朱可夫又作为苏联代表来到了广岛。大江从他面带斯拉夫人特有的宽厚的微笑中，看到了他充满作为焦点人物的所谓的自信。在这次国际会议上，印度的妇女代表全面肯定了"禁止核试验条约";另一位富有魅力的西德妇女代表,分析了西德的核武器装备现状,对法国进行核试验提出了内容具体的抗议提案。她态度冷静,话语简洁,富有说服力。"必须阻止法国和中国的核试验,达成全面裁军!广岛悲剧不能重演!"她的呼吁博得了全场的掌声。各国代表具有本国独特个性和具体性的演讲,让大江觉得内容相对去年的会议显得较为充实。但这种顺利进展的友好气氛,也让大江感到一种空虚,因为他知道在这个会议之外,不同的政治力量仍然在对待"禁止核武器"的问题上存在严重分歧。

在这次"禁止核武器会议"上,大江印象最深的是有关学者、文化界人士提出的关于《原子弹受害白皮书》的提案。制定《原子弹受害白皮书》是为了让更多人参与到救援原子弹受害者、战争灾难受害者的活动中,使更多人支持全世界的和平运动。在原子弹受害者恳谈会上,大江从一位受害者代表的发言中,又听到了有关"十年沉默,九年声讨"的情况。所谓"十年沉默,九年声讨"是指经过十年的沉默,在第一届禁止原子弹氢弹世界大会上,原子弹受害者第一次有了发言的机会。发言者是一位失去了一只眼睛的老人,他终于大胆地吐露了自己的心声,与其说是讲话,不如说是一部反映原子弹受害者反对原子弹氢弹运动的历史。老人的讲话令大江感动。

原子弹受害者的发言结束后,进行了问答。从整体上说,会场气氛诚挚、恳切。但大江发现,大多数问题和在去年的受害者恳谈会上所提的雷同。这些从日本各地聚集到广岛的年轻人虽有热情,但对原子弹爆炸后遗症,对原子弹受害者的生活,只有极其有限的常识。这样,刚刚结束发言、满头是汗的原子弹受害者们,又要耐心地重复起多年来重复过多次的基本情况说明。大江不禁再次感到,在广岛实在有太多有耐性的人,而且不是一般的忍耐性。像院长重藤文夫这样的医生们,坚持不懈地探索着治疗的方法,还不断鼓励正在病痛中的原子弹爆炸受害者;像原子病医院的病人们,内心忧虑仍坚强不屈渴望生存；还有那些正在积极建设广岛的市民们，以及从全世界各地来到广岛积极呼吁和平，反对核爆的人们……

广岛人能够"继续坚持着正气，继续怀抱着坚强的意志"，"清楚地显示本人做人的威严"。大江被这些具有广岛特质的人感动，并由衷的尊敬。在两次广岛之行中，他克服了个人生活中的困难，接受了"残疾儿"降生这一事实。儿子大江光的出生让大江体会到了死亡的存在，而广岛因原子弹爆炸造成的成千上万的死亡者，让大江再一次认真地思考生与死的意义。大江把自己家庭的不幸与民族的灾难连接在了一起，由此体验到了人类存在困境的普遍性。

通过直接接触原子弹爆炸受害者们的思想和行动，大江走出了个人困境，开始关注世界的和平与人类自身的危机。大江从"人道主义者"的立场出发，关注着广岛原子弹爆炸后的情况，并努力捕捉着受害者的现状。大江意识到全人类时刻所面临的核武器的死亡威胁，因此形成了"核武器"意识，并写了一系列关于核武器的作品。

"他们决不绝望，也决不抱奢望。这些人在任何情况下都决不屈服，他们坚持着每天的工作。我愿意和这些人站在一起。"在对广岛人与事的沉思之中，大江获得了直面残酷现实的勇气，文学观也变得积极起来。

3. 心灵的战栗：《广岛札记》

从1963年起，大江开始访问广岛及原子弹爆炸后的幸存者，在两次广岛之行中，他掌握和体验到了原子弹爆炸所引起的各种后果和状况。从1964年10月开始到1965年3月，大江将自己的所见所闻写成了

《广岛札记》，在《世界》杂志连载，并于1965年出版单行本。

在广岛，大江一次又一次受到心灵的震撼，他不止一次地被感动，也不止一次地涌起由衷的尊敬。作为随笔类作品，《广岛札记》真实地记录了大江访问被原子弹轰炸过的广岛的见闻和感受，深刻反映了原子弹轰炸造成的严重后遗症及其给广岛市民带来的长时间无法消除的痛苦与灾难，赞扬了被原子弹轰炸而幸存的人们坚强的生活意志和与原子病顽强斗争的精神，表现出了大江强烈的正义感和对生命的呼唤。

《广岛札记》是大江关于原爆主题的代表性作品之一。这篇长篇随笔分为七章，首尾还有"序"与"尾声"。序言中交代，这部作品是大江在广岛访问的一系列随笔的汇总。大江说："我每次去广岛都邂逅一些新的具有'广岛人'特质的人，他们的生活方式和思想，给我留下了深刻的印象。""他们直接给了我勇气；反过来，我也品尝到了因儿子置身于玻璃箱中而深藏在我心底的精神恍惚的种子和颓废之根，被从深处剜了出来的痛楚。而且，我开始希望以广岛和真正的'广岛人'为锉刀，来检验我自己内心的硬度。我是在战后的民主主义时代接受的中等教育，在大学里以法国现代文学为中心，学了语言学和文学，而且我作为刚刚从事写作的小说家，就在日本和美国的战后文学影响下活动。我是一个个人历史如此短暂的人。我希望把自己理应具有的独特的感觉、道德观念和思想，全部放到单一的'广岛'这把锉刀上，通过'广岛'这个透镜去重新加以检验。"大江通过广岛这个"透镜"，亲眼看到了原爆受害者多年后仍然面临死亡的威胁，度过着无止境的忧心忡忡的人生的场面。同时，通过广岛这个"透镜，"大江进一步去透视现代社会和现代文明，去探索人类未来的命运。

在作品里，大江多次讲述了这样一个例子：一位青年因为4岁时遭遇了原子弹轰炸，20岁时发现自己患上了白血病，但他没有被病魔吓倒，坚毅地希望像正常人一样生活，成为社会的一员。他隐瞒了病情，在一家印刷厂找到了一份工作，成了一名很出色的员工，并且同一位芳龄20岁的姑娘相爱并订了婚，可两年后，他在"受尽关节的剧痛和剧烈的呕吐这一白血病患者最难以忍受的痛苦之后"离开了人世间，而那位美丽的姑娘也跟着这位青年去了。这些年轻人对未来充满希冀、对生命无限渴求，但原子弹爆炸带来的巨大创伤难以愈合，如花的生命无可奈何地逝去。这样的故事最让大江的心灵战栗，也成了他呼唤和平的动力之一。

大江还被一位遭受原子弹轰炸受伤严重的少年的话所深深震撼与感动，那位少年曾写道："原子弹，原子弹，这颗原子弹是夺去我父亲生命的恶魔，但是，我不怨恨原子弹，正是因为它，广岛才站了起来。……死于原爆的人成了我们的牺牲品，他们的牺牲是宝贵的，我们有这些宝贵的牺牲者的庇佑，应该沿着追求和平的道路勇往直前！"大江借遭受原子弹轰炸受害者的呼喊表达了自己追求和平的决心。"已经厌倦战争了，已经厌倦战争了，这是亲身体验过广岛原爆的人们发自心底的悲痛呐喊，是难以用文字和语言表达的期盼和平的真诚呼唤。我要对全世界说，无论如何，也不能让世界上所有的人，再去感受如此残酷的体验。"消除核武器，实现世界和平，这是贯穿大江有关核武器题材的创作与演讲的主题思想。

大江"创作"《广岛札记》的时候，世界上已经有许多国家研制成功了原子弹，核武器、核扩散已经成为国际政治中的一个非常重要而敏感的问题。在这种背景下，大江表现了作家反对核武器的和平思想以及对国际上竞相发展核武器的担忧。他对原子弹的批判是把自己的民族情感与理性评价相结合了，并开始努力向争取世界和平的崇高主题靠拢。《广岛札记》是大江批判核武器创作道路的开始，随着对国际核武器发展状况以及对国际政治局势的深入了解，大江的认识不断产生飞跃。他从早期的谴责原子弹轰炸广岛，升华到了后来的为消除整个地球正遭受"核扩散"与"核冬天"的严重威胁而呐喊。大江认为现在核武器在这个星球上已经成为人类生存的严重威胁，形势极为严峻。"现在所储藏的核武器数量对于毁灭整个地球的生命体还绰绰有余，而且核武器总是处在战略、战术上随时都能发射的状态下。"大江对消除核武器危险，实现人类和平的愿望是真切的，更是理性的。面对核武器威胁整个人类的严重局面，大江强烈地表达了对世界和平的渴望，并发出了热切的呐喊。他把遭受轰炸的广岛人的顽强抗争行动赞扬为"人性的力量"，把人们强烈要求废除核武器、实现人类和平愿望归结为"广岛的心"。

大江坚定且忠诚地陪着广岛一路走来。他创作了大量原子弹爆炸与核武器题材的作品，对原子弹轰炸日本以及对发展核武器的行为进行了无情的谴责与批判。除了《广岛札记》外，还有1968年的中篇小说《核时代的森林隐遁者》、1969年的随笔《冲绳札记》、1970年的讲演集《核时代的想象力》、1971年与重藤文夫的对谈录《遭受原子弹爆炸之后的人》、1973年的小说《洪水涌上我的灵魂》、1984年的通讯《核时代的乌托邦》和演讲《核状况下的文学———我们为什么写作》、1985年的长篇随笔《生的定义》、1995年的随笔集《我在暧昧的日本》和演讲《"广岛的心"与想象力》等。这些文学作品集中表现了三方面的内容：一是表现广岛原子弹爆炸造成的严重后遗症，揭示了核武器对人类社会发展的巨大威胁；二是歌颂那些遭受原子弹爆炸幸存下来的广岛市民勇敢坚强的生活勇气和与病魔顽强抗争的不屈精神，歌颂那些为救助治疗原子病患者而忘我工作、无私奉献的广岛医务工作者；三是表达了作家坚决反对核武器的和平主张。

可以说，大江是对原子弹轰炸日本、对消除核武器等问题认识最为深刻的当代作家之一，是日本"原爆文学"主题升华的代表人物。大江关于核武器题材的创作与演讲的主要思想与整个日本"原爆文学"的主题是相一致的，那就是对原子弹轰炸日本、对核武器研制和扩散进行强烈谴责和痛恨，对世界和平热切期望。这也是"原爆文学"最有价值的意义。

第六章 『死亡意识』下的呼唤

1. "无法跨越的作品"：《万延元年的足球队》

大江以《死者的奢华》登上文坛，作为文学新锐的他受到日本文坛众多名宿的关注和赞誉，当然也有来自多方的质疑和批评，但大江并没有因此沾沾自喜或是意志消沉，始终以积极的心态面对人生的苦难和写作的压力。大江用自己的方式表达着他对日本的现实和日本人精神状况的冷峻思考。在出道十多年后，他写出了巅峰之作《万延元年的足球队》，奠定了大江在日本文坛的地位，让他一跃成为炙手可热的作家，他的多部作品都成为畅销书，这在日本"纯文学"界是不多见的。

大江的小说创作一直都与现实保持着紧密联系，在他访问了冲绳并对其历史和现状进行考察之后，写出了著名的《冲绳札记》，后来还因为其中的记述被日本的右翼分子告上了法庭。

逐渐步入中年的大江遭遇了"两个重大事件"，对他的人生和文学创作走向产生了重要影响。大江为了排解当时内心的困惑，触发自己的灵感，开拓新的写作思路，决定旅居国外一段时间。他最终选择前往墨西哥短暂任教，在那里他结识了中北美文坛几位大师级的作家，并度过了一段美好的时光。

这一时期的创作凝聚了大江对核时代、对塑造人类的家园、对死亡、对摆脱未来危机的思考和期许，作品中洋溢着浓厚的"死亡意识"和"危机意识"。

如果要选一个长篇小说作为大江的代表作，那么这部作品毫无疑问就是《万延元年的足球队》，写作年份是1967年，作品中洋溢着维新精神和战后精神，无论在思想上和文体上都堪称是大江健三郎的创作高峰。在诺贝尔文学奖颁奖词中，也着重介绍了这篇小说，认为它"集知识、热情、野心、态度于一炉，深刻地发掘了乱世之中人与人的关系。"可见它获得了评委的一致认可，如果想要阅读和了解大江的文学生涯，那么这部小说也将是"无法跨越的作品"。

万延元年，也就是1860年，日本曾发生过叫作"樱田门外之变"的农民暴动，年号从安政改元为万延的，开创了一个新时代的胜海舟等人也成功地远航到美国。当然这部小说并不是单纯地写这次暴动，这只是其中的一条线索。

大江在青年时代经历过的最大的社会事件，就是围绕是否修订日美安全保障条约，在东京都内挤满示威游行群众的1960年的市民运动，当然大江本人也参加了那场运动，与此同时，他还是一个考虑把该事件写入小说之中并为此而苦恼的青年。

在动手写作《万延元年的足球队》这部作品之前，大江曾经历过一段最为痛苦的摸索时期，花费了很长时间，好不容易才搭建起根本性的结构。在实际开始动手写作之后，他还一直认为有需要开拓性地克服困难之处。大江在创作这部小说的过程中，经过多次改写——大约花费了三年时间。不过他始终是抱着这样的决心开始写作的："要在百年之间往返，要返回到相隔百年的过去，从那里再度前往未来，而且，我要反复再现这个过程。"

当时，大江虽然参与了"反日美安保条约"的运动，但是他内心一直处于矛盾的状态，就好像自己是一分为二的两个人。一个是"行动主义者"，实际参加示威游行活动并因此而受伤，另一个则是一味地思考却并不行动的人，这个人郁闷地待在家里读书，可最终还是受了伤。大江根据自己内心的矛盾，虚构出了二人组合——根所蜜三郎与鹰四这对兄弟。鹰四曾积极参与1960年反对签署日美

安全保障条约的学生运动，运动失败后，到美国放浪度日。他渴望
结束浮萍般的漂泊，寻找到心灵的归宿地；蜜三郎则始终是学生运
动的旁观者，他陷入的是家庭生活困境（孩子先天白痴，妻子酒精
中毒）。

《万延元年的足球队》故事的主轴是：为了处理留在老家"峡
谷村庄"里的"宅邸"而回乡的根所蜜三郎与鹰四兄弟俩，与村里
经营超市、被叫作"天皇"的男子之间进行的对抗。小说讲述了主
人公鹰四反对日美安全保障条约受挫后到了美国，回国后与哥哥根
所蜜三郎一起回到自己的家乡，离群索居在覆盖着茂密森林的山谷
里，效仿一百年前曾祖父领导农民暴动的办法，以组织村里青年们
练习足球为隐喻，准备一场"现代的暴动"的故事。大江运用极其
丰富的想象力，将相隔百年的两者连接起来，并以这种形式开始了
写作。

作为对万延元年农民起义的一个类比，鹰四组织的暴动付诸行
动了，而这次暴动同时也被设定为失败了的"60年代安保斗争"的
一个类比。万延元年的农民起义受到了藩的镇压，最后，几乎所有
领导人都被砍了脑袋。在"60年代安保斗争"中，数十万人的反对
者包括了国会，在全国，则有数百万人加入了反对者的队伍，即便
如此，当权者还是决定强行通过条约。

和权力之间的斗争经常是以群众的"失败"而告终，万延元年
的农民起义也好，"60年代安保斗争"也好，都是最好的例子。但
是，群众的反抗虽然在现实的政治斗争中失败了，但是在节日庆典
"御灵祭"中却不断获得重生，并在传承的世界里活了下来。这也
证明了大江在这部作品中不仅引进了人类文化学的成果，同时还有
民俗学的成果。

在大江小说创作的主导意识中，"森林——乌托邦意识"是其
中的一个重要方面。我们知道，"森林峡谷"作为大江少年生活的故

乡，是他反映现代社会生活的支点（前面章节已有所述），在《万延元年的足球队》中他延续了这种创作意识，"森林峡谷"成为主人公"新生"与精神回归的场所。小说中兄弟二人的人生观念虽然颇不相同，但在返回故乡、开拓新的生活这一点上，却获得了共识。如果说，在大江此前的作品里"峡谷村庄"主要意味着"丧失"，那么，在《万延元年的足球队》里，"峡谷村庄"则是根所兄弟寻找自我、寻找心灵故乡的空间，并以此影射了人类的生存危机。

大江曾说：小说主人公的家族姓氏"根所"，意思是指某一土地上的人们灵魂的根本所在。作家关于家族历史与灵魂根源的解释，可以说明根所兄弟的"寻找"由现实深入到历史层面的原因。鹰四通过想象重构自己的曾祖父之弟、万延元年（1860年）农民起义领袖的英雄神话，明显是为自己组织村民的行为寻找历史认同的依据。而鹰四与蜜三郎的对峙，则与其曾祖父辈的兄弟冲突形成呼应。

最后，鹰四也像他的祖辈一样走向了毁灭，但他的死亡却促动了蜜三郎的转变。蜜三郎终于意识到，鹰四是坚忍地承受心灵地狱的磨炼、顽强探索超越心灵地狱、走向新途的人。于是，他勇敢地接回自己的白痴儿子，收养了鹰四的孩子，从鹰四的人生终点，开始了自己新的生活。

这部小说还有一个重要特点是"边缘文化"的发现，相对于以天皇中心的主流文化的绝对性和单一封闭性，大江看到了位于边缘的森林村庄文化的多样、丰富、开放的生动形态。这一发现直接促成了《万延元年的足球队》的创作。大江曾说："促使我创作这部小说的最大动机，是我渐次意识到的与以东京为中心的日本文化非常不同的地方文化，亦即'边缘文化'。"而到了70年代中期，大江则明确提出了"边缘－中心"对立图式，并将其作为小说的基本方法来讨论。他认为，"从边缘出发"是小说整体地表现现代世界、把握现代危机本质的根本所在，"必须站在'边缘性'的一边，而不能顺应'中心指向'的思路。"

当然，"中心和边缘"不仅是从地理学的角度单指"东京和冲绳"，就像是"峡谷村庄"和"森林"的关系一样，即便在"边缘"的内部，也有"中心"。例如小说中鹰四想要暴动的对象，是在日本基本处于边缘的"朝鲜人"，竟然有一个非常中心化的名字"天皇"。

《万延元年的足球队》是一部非常具有大江风格的小说，特定的犀利冲突、偏激的多重理解、追问式的主线索、锋芒毕露的比喻，巧妙地将现实与虚构、现在与过去、城市与山村、东方文化与西方文化交织在一起，畸形儿、暴动、通奸、乱伦和自杀交织在一起，描画出一幅幅离奇多彩的画面，以探索人类如何走出那片象征恐怖和不安的"森林"。大江的文字锋利如刀，展现场景断面的能力无与伦比，可以说，其如实还原感觉的笔力尖锐到逼人后退的地步。

2. "冲绳"的争议

冲绳是隶属于日本的一个岛屿，历史上是独立的琉球王国的所在地，后被日本明治政府占领征服。它位于中国台湾和日本九州之间，自然风光十分优美，也是日本著名的海上军事要塞。很多人熟知它，是因为在二战期间发生在此的、异常惨烈的冲绳岛战役，这是日本整个近代疯狂极致的终结点。在战后很长一段时间里，冲绳都被美国占领，成为美国远东地区的重要军事和核基地。在冲绳人不断努力斗争下，1972年，冲绳名义上归还日本，但时至今日，作为聚集了75%驻日美军的基地，冲绳人的心上，依然"生灵涂炭"。

大江与冲绳有着颇深的渊源，1965年3月，大江参加了文艺春秋新社主办的演讲会，并第一次访问了当时仍由美国掌握施政权力的冲绳本岛和石垣岛。对于大江后来的作品和思想而言，这次访问可以说具有至关重要的意义。《万延元年的足球队》可以说是大江文学中最重要的作品之一，这部小说的创作灵感就是在冲绳获得的，关于这一点，大江在谈到和冲绳之间的关系时，也有表述："一到冲绳，就能够清楚地看到自琉球王国以来形成的一个独立的文化圈。在以天皇制为中心的文化圈——日本看来，在日本本土看来那里只是边缘，只是个角落。然而，正因为如此，它才真正拥有了独立的东西和特定的东西。当我用冲绳特有的东西来对照自己时，清楚地看到自己是一个日本人，而且，还看到了以东京为中心指向的生活造成的歪斜和扭曲。根据山口昌男的理论，这就是边缘和中心的问题。也就是说，通过山口氏的理论，我学到了这样一个知识：在中心的东西和边缘的东西这两者之间，尤其是后者的丰富所引导下的物力论（dynamism），是如何呈现出文化中那些被隐藏的部分的。而且，作为一个出生在峡谷村庄里的孩子，我也切身感受到了这一点。通过后来的冲绳之行，这一课题在成人的我身上变得越来越清晰了。"

自从1965年第一次访问冲绳之后，大江便开始不断地前往冲绳。大江在多次访问冲绳的过程中，结识了新川明、伊波普猷等知识分子和参加冲绳回归运动的活动家，还有在学校里的教师等人，并和他们建立了亲密的关系。30过半，步入中年的大江，通过访问冲绳，重新检验了自己的民主主义思想和战后精神的存在方式。

从结果上来看，在这次初访冲绳的旅行中，大江获得了一个发现"边缘性"的机会。大江在他的《冲绳的战后一代》的报告文学中，阐述了这样一个现状：在战争结束20年之后，战争伤痕依然清晰可见的冲绳，一直过着被日本本土抛弃、被美军占领的生活，冲绳的战后一代中很多人"没有祖国意识"。处于美国施政权力之下的冲绳，日本宪法的权限根本无法到达，然而生活在那里的人们却拼命地要求自防自治，要求民众的自治，他们的运动激活了对宪法已经感觉麻木的日本本土。换言之，由于处于被占领的状态，冲绳既属于日本又不属于日本，它每天都要和绝对权力者美国做斗争，同时，通过这种斗争，现在又要把"没有直接关系"的日本相对化。冲绳人每天的营生正在反衬着日本人的存在方式。如果从这个观点出发的话那么不管是在历史上，还是现在，被逼到"边缘"的冲绳一直在激活着处于"中心"的本土——日本。

冲绳的"边缘性"鼓舞也激活了大江，他被生活在冲绳的人们、冲绳的历史文化以及它和日本本土之间的关系所吸引，并写下了著名的随笔集——《冲绳札记》。全书集结了日本近代以来所有矛盾以及日本对冲绳的所作所为。他在《冲绳札记》第一章"日本属于冲绳"中，写下这样一段话："只要冲绳的现状不变，本土的日本人就无法赎得冲绳和冲绳人的赦免状，也无法进行真正的忏悔。冲绳拒绝的声音，就是对这种假赦免状、对紧缠死绕的忏悔意向做出的清高严正的拒绝。"

大江在70年代初发出了"日本通过重新思考冲绳而达到内省"的呼吁，他认为无论何种时代，危机和可能性永远并存。书的最后，在1945年冲绳战中向冲绳民众下达"集团自决"命令的守备队长，时隔1/4个世纪，以"祭奠英灵"的名义，越过抗议的人群，乘坐插着星条旗的船只，强行登上当年他下达过"集团自决"命令的渡嘉敷岛的消息面前，大江陷入深深地内省："日本人到底是什么，我能改变自己吗？最好离这样的日本人远远的。"

大江关于冲绳与日本本土关系的思考，成为他"一生的主题"，也使他一而再被日本右翼势力送上法庭。2005年，围绕冲绳战记述的问题，当年渡嘉敷岛守备队长的弟弟和另一位在世的当年驻守座间味岛的守备队长把日本岩波书店（出版《太平洋战争》、《冲绳问题二十年》和《冲绳札记》）和大江健三郎告上了法庭。原告认为在《太平洋战争》和《冲绳札记》中有关冲绳战中梅泽裕队长和赤松嘉次队长向居民下达"集团自决"命令的记述"与事实不符，严重侵害原告的名誉和人格权"，要求被告一方停止出版相关书籍、支付赔偿费用和登载谢罪广告。

原告一方希望通过诉讼强调，为了效忠天皇殉国是如何美丽，日本军队在冲绳战中保护了当地居民，没有下达"集团自决"命令。但战后大量的学术性实证研究表明，当时的日本军队没有保护当地居民，还下达了"集团自决"命令，迫使居民自相残杀，伤亡惨重，甚至有居民被日本军冠以"间谍"罪名，遭到斩首。躲在洞窟里的居民被日本军队赶出来，失去了最后的藏身之地。军队怕啼哭的婴儿暴露目标，残忍地屠戮那些弱小的生命。这些罄竹难书的战争记忆由此深埋在冲绳居民的身体中，成为冲绳人思考战争以及战争之后的今天的重要的原动力。

2007年，72岁的大江健三郎出庭作证，在大阪地区法院举行的听证会上说："我相信有来自军方的命令。"大江认为正是因为有来自日本兵营的命令，才造成了1945年3月冲绳岛上的平民集体自杀，军方要求平民自杀是为确保军方的食品补给。在出庭前，他发表书面声明称："全日本都在实行的等级制度、日本军方和当地兵营是迫使冲绳岛民集体自杀的原因。这并不是一个是否有书面命令的问题。"

大江健三郎是诺贝尔获奖作家，日本岩波书店是日本最具人文传统的出版重镇。某种意义上，两者象征着日本的知识良心。挑唆当年的守备队长把大江和岩波书店告上法庭，日本的右翼力量可谓用心良苦，想借此公然向捍卫正义的人们挑衅，并潜移默化地影响日本的年轻一代。但正义最终总能战胜邪恶，2008年10月31日，日本大阪高等法院终于做出了大江健三郎和岩波书店被告一方胜诉的终审判决。大江的《冲绳札记》也再版几十次，影响了几代人。

3. "两个重大事件"

在1968年到1970年之间，日本文坛接连发生了大事：1968年川端康成获得了诺贝尔文学奖，1970年日本著名作家三岛由纪夫自杀，大江也多次发表了自己的看法。这些事件给大江健三郎带来了影响，使得他更多地参与到文学活动中，积极地思考高速经济发展的时代里日本人的精神处境。这一时期，他还出版了随笔集《冲绳札记》，以随笔的形式直接反思人类身处核时代的恐惧与忧虑。

当然，上面所说的两件事虽然对大江产生了影响，但是在大江心目中还有另外"两个重大事件"：1975年，大学时代的恩师、东京大学教授渡边一夫去世；同年，山口昌男著《文化的两义性》由岩波书店出版。大江曾说，这两个事件在他的内心是紧密联结在一起的。

大江把渡边一夫视为终生之师，他通过与渡边一夫这位大家的接触，发现了自己所追求的东西。对大江而言，渡边一夫不仅是一位走在他前面的优秀的知识分子，还是大江生活中的楷模。大江曾在一篇文章中提到："先生强烈地感觉到自己是一个弱小的人类，很有可能被打倒在地。另外，先生身上的某个地方还存在着某种虚无主义。不过，必须超越这种虚无主义的决心来得更为强烈。他的办法、他的超越，是这样进行的——'人类是要灭亡的。也许，是要灭亡。不过，我们是否应该一边抵抗一边灭亡呢？即便我们的归宿是虚无，我们也不能把它当作是正确的事情，不能把它说成是正确的事情。'这是他翻译的塞内库尔的话，同时也是他自己的态度。我想说的是，这一思想始终贯穿于先生的文章。"纵观大江的创作生涯，可以说，大江从渡边一夫那里学到的如此之多，以至于把上面的引文部分中的"先生"换成大江健三郎也非常适用。

大江刚开始写小说不久，其小说就由法国的加利玛出版社出版了，当时大江想要把其中自认为翻译质量最好的书送给先生。在做如此打算的同时，他还在围绕小说创作进行各种实验，试图把自己的小说推上比当时的水准高一个层次的位置。但他最后不无遗憾地认为：终究没能在这种强迫观念之下写出自由的、稳定的优秀小说，直到渡边先生去世，仍没有一本可以面呈先生并对他说"这是最好的作品"的小说。

渡边一夫过世前不久，也就是住院前几天，曾悄悄整理过自己如日记般的笔记，其中有一册就是《战败日记》。二宫敬把渡边一夫关于拉伯雷研究的书和笔记全都接手过去，从中发现了渡边一夫在战争中用法文书写的日记。他就找到大江商量发表事宜，于是大江上门拜访征得渡边夫人的允许，决定在岩波书店的《世界》杂志上予以发表。

后来大江还收藏了恩师的笔记，笔记是法国大战之前的装帧，非常漂亮。有张页码上记叙了渡边一夫年轻时写的、现在不便公开发表的私人性事务，在其后的那页纸面上，渡边一夫用法语写着"自己是个半途而废的人"字样，在那里加上一个感叹词后，整部日记便结束了。这个曾经那般完美地实现了自己独特价值的学者，在40岁刚出头、太平洋战争刚开始那段时间（渡边一夫出生于1941年，也就是1941年时曾经陷入了深深的绝望），认为"自己是个半途而废的人"。大江发现这一点后，感受到一种冲击，当时他就在想："我已然年近40了，先生这是出于'你总是作为半途而废的人在生活着！'的想法，才把这笔记亲手交给我的吧。"

事实上，大江以上的想法更多的是出于谦虚和自省，青年时代

大江健三郎传

的大江始终把渡边一夫的观点、生存方式当作是一面"镜子",或者是一种"模范",以此来约束自己的生存。大江在回忆自己的恩师时说:"越是了解他的书和生活方式,就越能从他身上学到决定性的东西,他就是一位名副其实的'先生'"。因此,在大江心目中,渡边一夫的去世自然就成为一件震撼心灵的大事了。

山口昌男著《文化的两义性》的出版对于大江来说为什么也是一件大事呢?

20世纪六七十年代,世界上的文化理论开始被介绍到日本来,但并不是此前的美国中心、西欧中心的文化理论,而是与美国、英国、法国和德国的文化底层相通的处所,以东欧为首的各个国家独自的理论被精心译了过来,尤其是与大众文化相结合的文化理论。

在当时那个世界,当然存在着将索绪尔的语言理论也与其结合起来并科学地予以推广的学者。原因在革命后提出俄罗斯文化理论而被斯大林主义压制的那些人,此时对于他们的再评价也在西欧蓬勃兴起。尤其在捷克和波兰这些苏联周边的小共和国,情况更是如此。有人便把这些颇有势头的文化理论以异常的热情介绍到了日本,其代表人物则是山口昌男。他是一个连历史学也包括在内的、视野非常开阔的文化人类学学者。比如,他提出的祭祀和农民暴动所共同具有的文化特性,以法国为首的世界各国的狂欢活动里某一人物的死亡和再生,还有笑的力量等。他将这一切与非洲以及美洲印第安的文化连接在一起,并与刚才说到的俄罗斯革命前后的文化一同进行理论化梳理。

大江开始关注俄国形式主义、结构主义、文化人类学,就是受了山口昌男的影响,他专心致志地阅读了山口昌男《文化的两义性》这部专著,花费三年时间持续阅读相关书籍。通过这样一件事,自大学毕业以来,大江再度开始了学习。巧合的是,这个理论的主要提出者是米哈伊尔·巴赫金,此人在分析里引为核心对象的巨著，则是弗郎索瓦·拉伯雷的《巨人传》，这正好是渡边一夫的专攻领域。所以大江多少也算作了一些学术准备，这些理论与他自己此前对文学、文化理论以及社会所做的一切思考，便融为一体了。

在那之前不久，出于政治动机，大江学习了有关冲绳的知识。此地距离以天皇为中心的东京文化最为遥远，而且拥有祭祀性的笑文化、有关死亡与再生的丰富印象——也就是荒诞现实主义与巴赫金他们所说的、将生和死放置在一起、充满欢笑的现实这一观点。大江将这一切与巴赫金和构造主义相重叠，修正了自己对冲绳的把握方式。

大江一边向山口昌男这位文化人类学的理论家学习，一边与另一位文学理论家高桥康也（他将山口昌男的理论与莎士比亚那样的欧洲文化中心思想结合在一起，并予以展开）的交往也开始亲密起来了，并不断得到他们的教益。1978年5月，大江的文学理论著作《小说的方法》由岩波书店出版，在这部小说理论论著里，可以明显看到形式主义、新批评以及结构主义的影响。在他此后创作的多部小说，例如《同时代的游戏》、《洪水涌上我的灵魂》、《摆脱危机者的调查书》等，我们都能从中感觉到大江在这些理论的影响下写作风格的转变。因此，山口昌男的《文化的两义性》可以说对大江之后的小说创作的走向产生了重要影响，难怪大江将其称之为"大事"呢。

4. 墨西哥任教的美好时光

为了打破韩国诗人金芝河所陷入的政治困境（金芝河是韩国

著名诗人，1974年曾因反对独裁统治而被判处死刑，包括大江健三郎在内的世界各国文化人士举办了声援运动，韩国政府后于1980年12月将其改判为停止执行死刑并予以释放），大江参加了以此为目的，在银座举行的绝食斗争。向中年迈进的大江依然保持着参与社会活动的热情，勇敢地为正义而呼喊。但是那时的大江也处于困惑期，做什么事都定不下心来，他感到必须从根底上重新审视自己的生活方式。他说："我所度过的人生，是被村子和东京这座大都市撕裂开的人生。虽然身在东京，却在书写森林里的故事。可一回到森林里来，又开始考虑前往国外的事情了……"在这种想法的驱使下，大江想到国外去生活一段时间，丰富自己的生活阅历。

1970年前后，也就是大江35岁左右，正是拉美文学在世界范围内获得重大成功的时期。当时是拉美文学占据世界文学中心的特殊时代，奥克塔维奥·帕斯、加西亚·马尔克斯、巴尔加斯·略萨、卡洛斯·富恩特斯——20世纪的重量级作家不断出自于中南美洲。最初大江阅读了加夫列尔·加西亚·马尔克斯《百年孤独》的日译本，其后不久，杂志《海》的主编也是大江东大法文专业的同学塙嘉彦告诉了大江还有很多法译文本，大江便开始了阅读。

尤其是巴尔加斯·略萨与大江年岁大致相同，大江最爱阅读他的作品。在那些法译本和英译本之中，大江认为最出色的作品是墨西哥的题为《彼得罗·巴拉莫》的小说，作者是胡安·鲁尔福。在他的印象里，该作品说的是死去的人和活着的人呼吸着同一空气并在一起生活，他觉得这部小说非常棒。他非常渴望去到这个国度学习生活一段时间，于是41岁的大江于1976年去了墨西哥，到墨西哥国立大学用英语讲授"战后日本文化论"。

在那座学校里，墨西哥学生比较少，是一座只有研究生院的学校。因此，有很多从中南美各国相当于逃亡来到这里、过着艰难生活的学生。授课为每周一次，可在其他的日子里，大江也经常和他们在一起吃饭。那一段时期，当地也有标榜着"我过着完全封闭式的生活"的日本学者，不过，大江唯一不与之交往的人，就是那些日本人了。

墨西哥城这座大都市本身，就是现代社会和神话世界所共存的、非常刺激的场所。大江在那里结交了许多世界著名的诗人和作家。他在墨西哥国立大学任教期间的某一天，一位因遭受"麦卡锡主义"迫害而被从美国的大学里赶出来，后来在墨西哥安顿下来的男性同僚对大江说："如果有空闲的话，我领你去作家经常出没的酒吧去吧。"便领着大江去了一家小酒馆。在他回去之后，大江仍在柜台前喝着龙舌兰酒。

这时，一位上了年岁的绅士在大江身旁坐下，开始用法语和他交谈起来。

"你认识墨西哥的小说家吗？"

"知道一部作品，那确实是一部出色的小说。"大江如此说明。

"那位作家可是理应位于拉美文学中心的人物啊，可他仅有一部作品，似乎另外还有一部，只是目前好像还没出版。"

于是那人说道："或许，该不是《彼得罗·巴拉莫》那部小说吧？"

"就是那部小说。"大江如此一说，他就说道："我就是写作那部小说的人，这是真的。如果是英译本的话，我还有一个短篇小说集。"

虽然没有告知自己家的地址，却说会让人把书送到这里来，并嘱咐大江来此处时取走即可。两三天后，当大江再度前往那家小酒馆时，附有胡安·鲁尔福签名的书已经放置在那里了。又过了几年，他便去世了。所以，大江就成了曾幸运邂逅胡安·鲁尔福的日本人。

大江在墨西哥城任教职时，诗人奥克塔维奥·帕斯（墨西哥著名诗人，1990年度诺贝尔文学奖获得者，作有诗歌《太阳石》、《向里生长的树》等）曾为抗议官方宪兵在三元文化广场对学生的示威游行进行流血镇压，辞去了墨西哥驻印度大使的职务。奥克塔维奥·帕斯在墨西哥购置了房屋并在那安了家。大江和奥克塔维奥·帕斯的邂逅，就是在那一时期。也是在那个时候，大江与从哥伦比亚流亡到墨西哥来的另一位大师级的人物加夫列尔·加西亚·马尔克斯（1982年获诺贝尔文学奖获得者，代表作有《百年孤独》和《苦妓追忆录》等）成为知己，因此大江认为自己去墨西哥旅居是一个非常恰当的选择。

因为远离日本，大江开始以全新的方式思考着自己的写作之路。作家一到40岁前后，就想写一部格局庞大的小说，大致都会去写历史小说。大江认为，几乎所有作家都想去创作以历史为舞台的小说。他自己也不例外，于是第一次试图以历史小说的话为引子，来写自己曾生活过的那座森林里的故事。他想用个人的声音，通过自己的内心，来书写自己的历史，来书写自己的场所、自己的村子、自己的土地的历史。然而写得并不那么顺利，写作计划一再搁浅。

虽然大江逐渐明白自己想要写的，不过还是为这篇小说到底采用什么体式和书名而犯难。从学生时代直至当时，大江就借助学者的著作读了各种各样的想象理论，其中由加斯东·巴什拉撰写的文章尤其吸引了大江的关注，文章中有一句话这样写道："倘若在自己的头脑中深化想象力，像是用自己个人的声音讲述似的叙述想象力的世界，那部作品就将如亲密的书信般直达读者的内心。"大江受此启发，觉得用强调"个人的声音"的信函书写方式更为合适，于是在《同时代的游戏》中就采用了写给长年来关系亲密的女性朋友的信函这一形式。

当时大江只想写大风景和大事件的整个过程。而且，说到那时所处的时代，虽然大江只经历过40年，却要追溯至自己出生之前60年的过去，他想要写出日本百年间的近代化究竟使得日本人经受了怎样的经历，就好像是在写限制在某个舞台上展开的戏剧一般，或者说，像是在写庞大的游戏一般。由此《同时代的游戏》这本书的题名便应运而生。

在墨西哥生活期间，大江非常喜欢前往墨西哥的小村庄，了解当地的风土人情。尽管墨西哥与东洋日本的村子存在千差万别，可在大江的头脑里，少年时代却好像前所未有地以鲜明的色彩苏醒过来。那段时间，他每天都在考虑着自己30年、35年前的往事。于是，大江便在笔记上写下了有关村子的记忆，有关村子角落等场所的记忆。后来回到日本，大江就以此为基础，着手创作题为《同时代的游戏》的小说。大江认为在自己的生活和文学里，旅居墨西哥是一次很大的转折点。大江不无感慨地说："是那样的。在我的一生之中，那是一段最好的时期，是进入由文学理论与具体的文学以及作家和诗人们融汇而成的整体里去，并且经历了沸腾一般的邂逅相识的最好时期。作为那个时期的产物，我写出了《同时代的游戏》这部作品。"

5. 调查未来的危机

在20世纪70年代，大江将自己对神话原型和民间传说的关注，延伸到对核时代的观察、忧虑和思考上。由于日本是地球上遭受了原子弹攻击的唯一一个国家，因此，作为有责任感的作家，大江对此做了长时间的思考，不断地以随笔和小说的方式来反映"核时代"对日本国民性和精神结构的影响，并"对未来进行调查"。这个阶段，他明显地成了一个思考全球性问题的思想家和作家，视野开阔，思想敏锐而深邃。

1973年，大江出版了两卷本长篇小说《洪水涌上我的灵魂》，次年，他出版了《〈洪水涌上我的灵魂〉札记》，详细披露了他创作这部小说的过程。《洪水涌上我的灵魂》这部小说以当代世界所面临的对核时代的恐惧作为主题，以日本当时有名的左翼组织"赤军"在东京浅野山庄发生的内讧事件为背景，讲述了主人公大木勇鱼为了逃避核时代的恐惧，幻想地球发生核爆炸、地壳大变动、洪水开始淹没人类社会。最后，他躲入到核避难所，也难逃被现存体制的"洪水"淹没的命运，于是他和濒临绝境的鲸鱼、树木进行了奇异的对话。

大江借助他所塑造的大木勇鱼这个人物，表达了他对特定年代日本文化境遇的忧虑。大江一直在积极地将日本社会发生的重大事件通过虚构和想象进行再造和文学化的工作，他的作品和现实的关系都很紧密，这部小说依然有这个特点。

《洪水涌上我的灵魂》荣获了第26"届野间文艺奖"，颁奖词指出"我推荐《洪水涌上我的灵魂》。其题材里存在着一贯性，因其洋溢而出的想象力而呈现出受到制约的世界。其文体里存在着张力，让我感受到了阅读小说的快感。他的每一部作品都选择了现代的主题，作者全力投球般的姿势让我感觉到了敬意。《万延元年的足球队》问世以来，作者时隔六年再度创造了新的价值，我认为该作者适合于获得这个奖项。"

虽然也有评论家指出，这个奖项主要是针对"纯文学"而设置的，而大江这部作品"纯文学"色彩似乎出乎意外的淡薄。但大江在"获奖寄语"中认为，"纯文学"这个词汇，是日本独特的东西，而且具有独自的传统以及面向未来开放的意味。最终大江慷慨地将一百万日元的奖金分成两份，分别赠给山口县遭受原子弹爆炸伤害者福利会馆"yuda苑"和杂志《冲绳体验》。

大江的下一部长篇小说《替补队员手记》出版于1976年，这部小说多少有些像《个人的体验》的续篇。在小说中，森的父亲做了一个梦，梦见自己减去了20岁，变成了18岁的少年，而森则增加了20岁，变成了28岁的壮年人。于是，森和森的父亲都变成了成年人，儿子变成了父亲，父亲则变成了弟弟，这两个变化了年龄的人一起去参加反对核试验的示威集会。他们开始行动起来，并袭击了右翼力量的幕后黑手，最终成为政治的牺牲品。小说的落脚点还是对日本社会现实的批判和一种精神焦虑性的反映，篇幅不大，但是却犀利尖锐。

"对未来进行调查"听上去是不可能的事情，因为未来并没有发生，你如何去调查呢？这对作家来说，却是可以实现的，因为，作家有想象力作为帮手，就能够深入到未来的疆域里。1977年，大江出版了长篇小说《摆脱危机者的调查书》，这部小说继续着他对核时代的文学想象，表达了他对人类末日可能性的强烈的忧患意识。小说的故事情节带有科学幻想色彩，描述宇宙主宰为了拯救地球面临的核时代危机，派来了两人帮来拯救地球。但是，地球并没有因为两人帮的到来而改变命运，人类自身还面临着危机——内部发生了族群对抗，因为人们的疏忽，核事故也突然发生了，结果，给地球人带来了毁灭性打击。小说以第一人称叙述来结构全书，小说的主要情节就是主人公"我"的想象和虚构，同时以"我"在现实社会中的遭遇作为双线并行的情节，将主人公对核时代的想象和当下的日本社会现实联系起来，呼唤着人性的复归和在核时代里的和平共处。

战后作家埴谷雄高曾对大江健三郎评价说："用科幻小说来做形容的话，大江健三郎所具有的奇异的力量好像是一台奇特闪光的内燃机。即它是人类首次发觉到在自己内部燃烧的最初的原始装置。它又是一台面向未来的'超'新型内燃机，燃料可转化成'无限的动力'，可推动世界所有的一切。大江健三郎确实作为'迟到的青年'，他一天比一天困难，将会面临我们所意料不到的新的困难局面。即便是绝对不燃物也将会被他融化，并发出一种奇特的灰白的闪光。"

大江初登文坛之时就以文学为武器，扯起日本战后民主主义的大旗。他的政治态度是左翼的，他反对天皇制度，人们惊讶地发现，他曾经站在大街上对游行的青年发表演讲。他反对核武器，反对任何恐怖活动，反对日本右翼势力。到了20世纪70年代，由于参加活动多了，写作速度明显地放慢了，但他只要创作，依旧锐气不减，针砭时弊，告知危机，呼唤新人出现，寻求再生之途，表达着一个日本知识分子为日本、为亚洲、为世界的良知和责任感。

6. 孤芳自赏：《同时代的游戏》

1979年，大江出版了长篇小说《同时代的游戏》，这部小说显然带有他在墨西哥讲学时的经历和体验，也是他自认为非常重要的一部小说，形成了大江中年时期的重要转折。小说带有科幻色彩，是一部书信体小说，全书由6封长信组成，都是由叙述人写给自己双胞胎妹妹的。他在信中讲述了从自己故乡山村，到国家再到小宇宙的历史。

小说中出现的山村古代的情况是大江自己想象出来的。其缘起，是一群年轻人逃离他们所从属的社会，来到森林里创建了村子。但是，他们又破坏了亲手建成的村子，进化到下一个时代。村子的破坏者，其实与最初创建了村子的人是相同的存在，这就是贯穿这部小说的历史观。

从很久以前开始，大江的头脑里就持续存在由破坏者和创造者组合而成的领袖形象。后来，他甚至一直想要使这个观念适用于日本这个国家的天皇这种统治构造。他认为，这个观念似乎同样适用于世界上任何一个国家的创世记。总之，在该观念的影响下，大江把这个村子的历史、这个农村的历史投入到了作品里，也把日本的历史，然后还把诸如墨西哥那样场所的历史也全都投了进去。

小说叙述人的父亲是一个神官，母亲是一个江湖艺人，叙述人自己在墨西哥大学担任教师，他的妹妹则仍旧在故乡的山村里当女巫。在叙述人的讲述中，神话、科学幻想和地域文化传说奇异地重合在一起，在一个无限的空间里，两种力量在角逐：一种是巨人创造者，另外一种是巨人破坏者。小说由村庄——国家——小宇宙的历史三个层层递进的结构，将日本20世纪的历史融会到小说中，以强大的想象力，把日本社会现实、人类面临的核武器的威胁以及宇宙中的创造和破坏性的力量联结起来。

因为是书信体，因此，小说的叙述显得细密而紧张，生动而急促。小说的地理背景从拉丁美洲的墨西哥到日本，在太平洋的两岸展开了某种文化对话，日本文化、墨西哥古代玛雅文化、当代人类的信息文明交织成一幅绚丽的织锦，小说综合了大江健三郎过去的小说中出现的各种元素。

《同时代的游戏》没有提前在报刊上连载，出版社把书装订为硬封面的精装本销售，并在报纸上登载大幅出版广告，发行量超过了十万部，成为当时的畅销书。正式发行后不久，大江就开始担心"虽然像以往那样买了我的书，可能够通读这部作品的人该不会很少吧？"从大江在讲演会上回答提问以及周围那些人的反应中，他清醒地意识到，这部作品没能得到很好地理解，没能与读者实现沟通。

究其原因，大江认为是由于自己当时热衷于新的文学理论和文化理论，把自己在书本里读到且认为有意义的理论写到了自己的作品里，并因此而进入了封闭的回路系统。虽然他自己觉得这部小说与海外作家、理论家们之间，打开了自信而顺畅的通道，但这却致使其成了大江所说的"孤芳自赏"的小说了。

在大江来说，尽管接连获得国内外的一些文学奖，但他认为自己已经开始失去来自读者的支持……这种情况使他进行了自省："因为与日本纯文学在文学市场上的一般性衰退所不同，之所以出现这种情况，是由于没能对我本身自省。比如说，没能对自己文章的写作方法进行建设性反省。还是那部《同时代的游戏》，我觉得好像是那条路线的分歧点。有时我甚至在想，倘若用另一种方式来写，或许有可能成为与自己的读者恢复关系的契机。"在这种考虑下，为了让少年们也能读懂，大江开始尝试着改写出了《MBT与森林中的奇异故事》。

不过，正因为有了以那个方式写成的《同时代的游戏》，才有了大江其后的文学。在后来大江重新阅读这部作品时，觉得那时尽力把自己所接受的文化理论具体融汇到小说里去，试图将其作为小说意象表现出来的努力，其实还是取得了相应的成果。他确切地认为，正是因为这种经历，在他后来的文学人生中，这部作品才能成为巨大的支柱。从那时起，在大江的实际人生中，《同时代的游戏》里的某个意象会像令人怀念的记忆一般复苏，再度成为他的新小说的内容，这种情况可谓不少。因此，大江对有关这部作品的评价，长期以来一直感到不满。

第七章 『再生』的领悟

1. 哺育"小宇宙"的"雨树"

进入20世纪80年代，大江先后出版了"雨树"系列小说集《倾听"雨树"的女人们》、以长子"光"青春期的痛苦为原型的小说集《新人啊，醒来吧》、充满"乡愁"的小说《MBT与森林里奇异的故事》、包含对过往创作生涯冷静思考的小说《致令人怀念的岁月的信》、以残疾儿母亲为主角的长篇小说《人生的亲戚》等作品，我们可以看到这一时期大江的作品，出现了新的意趣，就是更多地对女性加以关注。

逐渐步入中年的大江对于女性，进行了认真的思考，并以此为切入点，在创作上寻求突破。从实际创作的作品来看，大江到接近50岁的时候才写出真正意义上的以女性为主角的小说，因此他认为自己在对女性的描写方面，是一个地地道道的晚熟作家。

在大江这些小说中，除了"残疾儿"以不同的"变异"形式作为线索出现以外，还包含了大江中年以后投入更多精力思考的"死亡与再生"主题。特别是在《致令人怀念的岁月的信》中，大江对"死亡"这个人类终极命题和"人的再生"可能性进行思索，提出了充满理想色彩的构想，即建立充满"怀念"的"根据地"。

1980年，大江45岁，因为当时正在阅读英国作家马尔科姆·劳里的长篇小说——《火山下》，在这部作品里，作家描绘了一个任职于墨西哥外交部的知识分子及其恋人不断重复伤害自己所爱男人的故事。最终，男人被野狗扑咬而死，女人则在悲叹中沉沦下去。这部小说原本是大江在墨西哥生活期间偶然读到的，虽然这个作家因酒精中毒而死亡，使大江曾一度怀疑自己是否也患上了酒精依赖症，但在感情上大江非常喜欢劳里，尤其是劳里关于"作为人，于存在之根本处怀有深深的悲哀，并生活于这种情感之中"的论述。

这部小说被译介到了日本后，大江又进行了重读，让他深切感受到相对于男性的悲哀，女性这一方的悲哀更为深沉和切实，于是他就想去表现女性的内心的这种悲哀，这也成为他创作"雨树"系列小说的直接的契机，并为他80年代的小说奠定了"以女性为主角"的基调。

于是进入20个世纪80年代以后，大江作品突然间出现了与此前全然不同的意趣。具体说来，这种变化始自于他在1980年1月《文学界》上发表短篇小说《聪明的"雨树"》。大江在这部作品的结构上进行了新的尝试。此时的大江健三郎，很想尝试一种新的写法，就是以主题相同的方式创作一系列小说，然后，把它们构成一个整体意义上的"类长篇"。

虽然大江在登上文坛时就是以短篇小说而成名，但在《死者的奢华》之后，他一直尝试着创作中长篇小说。如果写长篇小说的话，在一年至两年内，只需要在那篇作品的文体内写作即可，会有一种安定感。而突然从长篇小说回归到写作一篇独立的短篇小说这种生活上来，让大江感觉到了一股说不清楚的不安。但他顽强地克服了这种不安，并写出了《聪明的"雨树"》这部小说，后又以《吊死在"雨树"上的男人》、《倒立的"雨树"》和《游泳的男人——水中的"雨树"》等为题的五个短篇组合，在1982年整体上集辑为短篇小说集《倾听"雨树"的女人们》。当时他曾表示，所谓"雨树"——raintree，既是凝缩着"死亡与再生"意味的宇宙之树，也是现实里生长在某处的树木，而且，还是"那座哺育了自己的小宇宙（村庄）的隐喻"。

在作品中，舞台设定在因出席研讨会而短期居住的夏威夷，以及大江家所在的东京世田谷及其周围地区。出现在这个短篇小说群里的女性，都是相当独立、自由、聪慧并带有牺牲和奉献精神的女性。被称之为"教授"的作家"我"，是诸多场合、变故和事件的旁观者，从叙述者以"我"的角度看过去，她们既不是妻子也不是恋人。对于她们，虽然"我"保持着谨慎态度，却尽量公正地面对她们，与此同时，也持续着带有几分批判的观察。

大江觉得对于任何聪明的女性，要在充分表现自己的同时快乐地生活下去，将是一件非常困难事情。一些确实很优秀、很有魅力的女性，也不时会在婚姻生活里露出破绽，虽说也有一些人能够超越这种危机，但大多数女性在生活中仍然面临着困难和悲叹。

大江的好友——作曲家武满彻，在阅读了《倾听"雨树"的女人们》之后，被深深地打动，因此而创作了题为《雨树》和《雨树素描》的乐曲，让大江每每听到都心生感激，并怀念起从前的时光。

20世纪80年代刚开始那几年，正好是女权运动潮流越发高涨的时期，大江这种以女性成为主角的创作也引起了一些女性作家和批评家的关注。正是从《倾听"雨树"的女人们》开始，以大庭美奈子和津岛佑子为主的那些敏锐的女作家们，就加入到大江作品真正的读者和批评家的行列之中了。

作为小说家，大江一直对这两位女作家心怀敬意和亲近感。但也没有亲近到类似于大庭美奈子和小岛信夫、津岛佑子和中上健次那样的文学盟友的地步。因为大江的性格基本上属于内敛型，与熟人和朋友保持距离则是常态，独自过着小说家的生活，不时在外国的大学里略微承担一些教务，从没有同过于新潮的女性接近过。虽然大江曾表示自己未曾进入恋爱的深部，但是与那些自由独立且具有知识背景的、幽默诙谐的女性交谈，则一直使他感到愉快。

到了20世纪80年代的一段时期，大江第一次出现类似忧郁症的状态。当时，为了进行自我治疗，大江决定试着用不同手法来写与此前的小说世界完全不同的内容，他想写的是伴随巨大的悲伤一同生活、生气勃勃地吸引着人们关注的那种女性的生活方式。于是每个感到沉郁的早晨，大江就用来写这部小说，下午，或阅读平日里一直在看着的书籍，或写一些随笔这部小说只用了大约三个月便完成了，写完这部小说后，在那之前的忧郁症一下子就烟消云散了。

而这部小说，就是大江健三郎于1989年出版的长篇小说《人生的亲戚》。女性第一次作为主角出现在了大江小说之中。"人生的亲戚"这句话，是大江在墨西哥请同僚为他讲解西班牙语小说时发现的。Parientesdelavida，说是叫作"悲伤"……某一种悲伤，让人非常为难，却无法将其从自己身上割去，这就有点儿像麻烦的亲戚，那样一种悲伤纠缠着人生——那就是这部小说的主题。

这部小说讲述了一位敢想敢干、信心十足的女性的故事。叙述者"我"为了儿子往返于养护学校，她则是我儿子一个同学的母亲，虽然她是一位精力过剩、搅得周围人都不得安宁的那种深思型女强人，但曾遭遇两个身有残疾的儿子一同跳海自杀的、难以想象的悲剧。两个残疾孩子自杀之后，给母亲留下了难以弥合的伤痛。于是，如何艰难地生活下去，成为这个女性的唯一问题。后来，她寻找到了宗教的安慰，并且作为宗教团体的成员，来到了墨西哥，投身于农场里的奉献活动，后不幸患了癌症，却意志坚定地寻求生存的欢乐和意义，并没有被死亡所吓倒。

2. 觉醒吧，新人

大江健三郎患有智障的儿子——光，十五六岁迎来了肉体上的思春期，在精神上也经历着新的痛苦，而这个孩子的悲伤，通过对其母亲和妹妹的反抗而表现出来，大江和家庭其他成员都面临着如何接受眼前这一切的问题。

于是大江便考虑，就把这个问题作为短篇小说写作的主题。当然，这也是大江为在实际生活中在孩子和家庭之间进行改良而开始的努力，可这样做就需要有一个切入点。大江是如何获得这个切入点的呢？

这还要从大江的大学时代说起，大江上了大学以后，每天下了课便在图书馆里读书，当时很少有人自己拥有大部头的英语辞典，因此大江每当上厕所时，都要留心的书和从图书馆借来的辞典不被偷走，需要向周围的人打个招呼。那时，就托身边那位正在阅读大部头书的30岁左右的研究者帮他照看那些书，同时顺便看过去，长诗中的一节便映入了大江眼帘，其大意说的好像是人们来到了都市，必须在那里劳作和经受痛苦，最终还是要回归故乡的峡谷并在那里死去。

读着这诗句，大江仿佛受到电击一般，觉得"啊，自己的生涯也许正是这样！"当时他就在想：自己出身于峡谷间的村庄，母亲在那个村子里辛勤劳作，用挣下的那点儿钱供自己上学，自己因此得以在东京生活和学习，其后也会参加工作，可将来还是要回到峡谷，并向自己的孩子邮寄生活和学习费用，最终大概会在贫困之中死于峡谷。

大江仿佛感到一个预言出现在面前——"对于刚开始学习的东大一年级学生的你来说，你的人生正是如此！"但是，那时大江还不知道这是谁写的诗集，因为，他还没有勇气合上别人正阅读着的那本打开了的书，只是匆匆看了一眼那一页。若干年后，大江在一本书里偶然发现引用那首被称之为"预言"诗的长诗中的数行诗句，就如同宿命一般，大江与生活在18世纪至19世纪之间的布莱克再次邂逅，于是，他立即买来布莱克的全诗集。在阅读过程中，大江逐渐发现布莱克的诗歌生动地触发了自己的写作灵感，以至于大江不仅在文学里引用，甚至发展到在实际人生中也引用布莱克。

在1983年，大江写出了短篇小说集《新人啊，醒来吧》。在小说的开头部分，就是威廉·布莱克最初写作的两册抒情诗集的题名——《Songs of Innocence》（无垢之歌）、《Songs of Experience》（经验之歌）。在写这部作品时，作为全书的讲述者，"我"这样开始了叙述："迄今为止，自己一直在读着马尔科姆·劳里，同时写作题为《倾听雨树的女人们》的短篇小说集。今后，则想在新的光亮中书写自己与儿子的关系，还有我们家庭的情况。为此，我准备改读与现在正读着的书全然不同的其他书籍。我还希望能够以此为契机，重新构建自己的生活本身……"

由于小说中的家庭成员构成与大江家的实际情况相同，因而容易让读者产生联想。于是大江非常谨慎地将《新人呀，觉醒吧》的情节做了虚构化处理，写出了这部富有智慧的家庭小说，并且选择了独特的女性叙述视角，把年轻的女儿设定为讲述者。实际上，大江的长女菜采子非常理解光这位兄长，并给予哥哥很大帮助。大江的妻子曾告诉他，女儿在三岁的时候，就试图照顾七岁的哥哥。长期以来，大江一直在看着这一切，写作时便塑造了一位像她那样勇敢而温和地照顾患有智障哥哥的人物，并将其作为讲述者而导入小说之中。

虽然在写小说时选择了女性为讲述人，可实际上那还是大江本人的叙述，只是考虑到小说技巧上的需要，他才偶尔选择女性为讲述人的，而不是被塑造出来的拥有毋庸置疑的现实感的，其肉体和智能皆兼而有之的女性叙述者在讲述。这不是那种真正的女性，尽管大江也知道弗吉尼亚·伍尔夫、西蒙娜·韦伊、佐多稻子、林京子这些杰出人物的例子，用真正女性的声音讲述的不可能是其他人进行的叙述。于是，大江试图在自己的小说里再现自己的母亲、妻子、妹妹以及长女的叙述，很快他就意识到，长时期观察（虽然这些观察并不是事先想要将其写入小说而积累的）的成果显现出来了。

当时大江认为，如果设定这样一位讲述者，几乎不能说话的孩子的那些话语就会浮现出来，还可以把讲述者针对双亲的批评也适当加入到作品中来，这也算是一种社会化吧，这样就能在写作时把有着智障孩子的家庭生活广泛提升到社会层面上来。

在《新人啊，醒来吧》中，大江还从《圣经》中挖掘了一些故事，来比照着描绘了残疾儿子在寻找存在意义、并最终找到了音乐的旋律、成为新人的故事。小说中充满了父爱的呼唤和对儿子新生的欢愉，这是大江创作上以"与残疾儿共生"为主题的又一次飞跃。

3. 自由检讨的"信"

大江曾将《致令人怀念的岁月的信》称之为"是精神性自传般的作品"。他在这部作品中围绕《个人的体验》、《万延元年的足球队》和《同时代的游戏》等重要作品进行了深刻的自我批判。

"令人怀念的岁月"是特别的时间加上场所设定——叫作义兄的那位相当于师傅的人物，与妻子和妹妹以及孩子——身有智障、名叫光的孩子，还有永远停滞在那里的想象的时间加上场所，在描绘了这一切之后，大江结束了故事。作品从住在东京的作家"我"得知从孩童时代就敬之爱之的"义兄"（年长五岁、在故乡阅读但丁并打发其与《神曲》相似的生涯的义兄）之异变开始，在不久后从故乡森林中的人造湖里打捞上浮出水面的遗体处结束。关于《神曲》与义兄一生的描写，在作品里时而错开时而重合。身为英俊青年的奔放的青春时代、因右翼集团的暴力而负伤的受难、根据地即"乌托邦"的建设、针对女性的暴力而引发的杀人嫌疑、服劳役时的挫折，还有回想、进一步的重复受难……

这部小说中的当下、回想、重要人物之死直至自己与家人等全都被包括在内的"令人怀念的岁月"，总之，这是一部将上述一切都重叠起来的小说，其整体主题则是"死亡与再生"。

为什么会出现这样的主题呢？

大江少年和青年时代时就曾感受到死亡的强烈恐惧之残余，令他终生难忘。到了20世纪80年代，大江觉得有必要重新审视已过中年小说家的工作，而另一个更大的问题，则是大江在时常思考人会如何死去？死亡究竟是怎么回事？他并不信仰宗教，却围绕着人们考虑如何超越死亡、其灵魂再度复苏之事，开始关注起有关此类论述的书籍。

年轻时大江访问过的澳大利亚的土著居民，存在于那些土著居民的信仰和自己村子里的传说之中的再生……在村里的创建者身上，灵魂转世再度投生、转世投胎这个形象给大江留下了很深的印象，在他中年以后思考死亡问题时这一印象不自觉地被唤醒。因此受了启发以后，无论在实际人生中，还是在文学里，"死亡与再生"都成了大江非常重要的课题。

关于"怀念"，大江曾说过这样一些话："怀念"这种感情"我认为是源自生之根本"，"我通过柳田国男来给怀念下定义"，"柳田国男说，以前知道的事情，现在又碰上了，这不叫怀念。之前不知道的，第一次碰到的事情，也可以叫作怀念"，"这种独自的怀念之情并不只是面向过去的维度，给它一个符号，就可以面向未来"。

因此大江所说的"怀念"不仅仅指向过去的岁月，还指向未来，即对未来美好世界的一种期许，或者说是建立"乌托邦"（大江将之称作为"根据地"）的一种设想。

《致令人怀念的岁月的信》刚发表，大江说了下面这番话："也许有人说我是个疯子，每天睡觉前都会考虑世界因核武器而灭亡的问题。但是，基本上我也真是过着这样的生活。如果现在要来考虑未来的具体的样子的话，出现在我脑海里的还是公社。在公社里，某个集团的成员基本上都知道相互之间在干些什么，但相互之间又没有束缚地生活在一起。这才是'美丽的村庄'，我觉得大家一起在那儿生活不是最好吗？这是森林中的社会。从农业问题来说，那就是大家都知道这个蔬菜是他种的，房子坏了可以找那位大叔来修。我觉得这样的公社就是我心目中的理想社会。"

这段公社论非常的"朴素"，大江认为的"公社"，即"理想社会"，是从过去获得某种启示的社会。比如像"冲绳"那样具有和天皇制国家截然不同的文化和传统的共同体。我们可以设想从那里学到很多东西，同时，它又具有某种特征，使我们认为"这才是应该有的社会"。最重要的是，这种社会给人以珍惜他人的心。正因为如此，大江理想中的社会就应该是每个角落都充满了"怀念"之情的地方。

作为感受"怀念"之情的地点，大江创造了"根据地"（在《同时代的游戏》和这部小说中，就是村庄、国家、小宇宙）。大江的祖母每次讲故事之前都会说："这是个经常发生的故事。我不知道它是否确有其事，因为那是很久以前的事情了。就算有人说它没有发生过，你也必须把它当作发生过的故事来听，好不好？"这番话在大江心里唤起的意象，我们不应该忘记，那就是"根据地"。

在大江的另一篇小说《MBT与森林里的奇异故事》中，最重要的人物Osikome是个女性，她的来源，就是"祖母"，即"女性"这个过去叙事者。因为这里已经反映出大江对女性的意识，这种意识和"怀念"之情也是相通的。也就是说，女性作为"生产的性"，也就是"母亲"这一存在，在大江构建的"根据地"中占有重要位置。

大江之所以如此执着地在小说世界中不断地探求"根据地"建设的可能性，是因为他认为这种"怀念"之情已经从这个国家的所有地方消失了，而且连再生的希望也看不到了。大江曾想过，能否回到故乡的村子里，与村里那些同时代的人做点什么。在这个想法的驱使下，他后来与一些年轻人合力举办了古典音乐会，也算在生活中实践了一次在作品中创建"根据地"构想了。

《致令人怀念的岁月的信》是大江小说创作前期和后期的分水岭，具有重要意义。与此同时，在他发表这部作品的1987年，村上春树的《挪威的森林》、吉本芭娜娜的《厨房》也相继问世，并成为销量在百万以上的畅销书，即便对于日本文学来说，这一年也是非常重要的年头。

4. 以"流亡者"的名义叫喊

萨义德是20世纪著名文学理论家与批评家，这个1935年出生在耶路撒冷的阿拉伯人，一直是以一个流亡的知识分子形象出现我们的视野中。作为巴勒斯坦人，从12岁开始，以色列宣布立国，萨义德一家不得不离开故土，此后他就一直处于流亡的状态。大江健三郎之所以对爱德华·萨义德那样热衷于巴勒斯坦问题的文学理论家和批评家抱有亲近感，是因为他将自己规定为"流亡者"。他沦为失去故乡并被从故乡放逐出来的流亡者这样的境地。

萨义德作为丧地者、失家者和失国者，始终关注巴勒斯坦问题，对海湾战争和科索沃战争中美帝国主义尖锐地指责，他认为知识分子应该特立独行，不应该与当权者妥协，要从独立的角度提出批判。"失去了故乡的流亡者，将永远无法安居，只能面向中心一直保持着批判的力量。"他极为明了地如此说道，并如此从事着他的工作。大江被他的观点和人生态度所吸引，大量阅读了他的著作，被他深深地折服，并向他看齐和学习。大江说："我们同样作为无法返回故乡的流亡者，希望在对中心进行批判的场所从事自己的工作。从反对日美安全保障条约那时开始，我的这个态度越发清晰并巩固起来了。"

其实在阅读萨义德很久以前，大江就已经有了流亡者的感觉。儿时，大江生活在森林里，当时正处于战争时期，不过，他为自己是森林里的孩子而怀有一种幸福感。他觉得假如战争持续下去的话，我们小孩子也将被杀死吧。在他这么想着的同时，还怀有另一种感情——我们是天皇的孩子这种"宏大的共生感"。

战争结束之后，村子里建立了中学，相邻的镇子则建了高中，如果想要学习的话，也可以外出求学了。于是，大江就来到东京继续学习。在当时那个时间点上，他的心情却比较低沉，认为"只要走出这个峡谷，自己就不再拥有可供安居的场所"，即便将来回到乡下，由于家里不是农家，因此也不可能重新在那里生活。加上他刚到东京的最初那两年里，前往商店里购买商品时，因为乡下口音的问题使得店家很难听明白，这更让他体验到了"流亡者"的滋味。

正是由于这个体验，让大江健三郎在1963年的时候写出了长篇小说《叫喊声》。就整体而言，这是一部从政治、性、暴力问题等各个角度掘进的郁暗的青春小说。不过，现在阅读这部作品，还是可以感受到流亡者的痛苦和悲哀以及这个问题的厚重，在《叫喊声》中的18岁少年吴鹰男身上显现出来了。

　　与爱德华·萨义德一同工作，是在大江六十来岁的时候，而与其邂逅，则是在他五十来岁的时候，也就是20世纪80年代后半期。那时大江就在想，"啊，我一直认为并知道，或许将会与此人相遇。"在交谈过程中，萨义德好像也曾数度新奇地对大江说道："我在想，或许会与你相遇。"

　　长期以来，萨义德一直是哥伦比亚大学具有代表性的教授，还是一个拥有高度文学修养的文学理论家。而且，他曾把来到纽约要在联合国发表演讲的阿拉法特那份讲演稿，帮助翻译成地地道道的英语文稿，他也因此在中年时直接介入到巴勒斯坦问题里去。但是，由于对阿拉法特路线感到不协调，便离开了阿拉法特。对于奥斯陆协议，他是最为强烈的批判者。在那以后，作为独立写作者，他继续从事着与巴勒斯坦问题相关的工作。

　　大江曾说："我——当然无法与他相比——也一直坚持反权力的立场，不过就像先前说过的那样，即使参加了示威游行，也不曾将其置于小说家生活的最高位置，经常只是在持续着小说家的人生。"虽然大江自认为没有深入现实政治活动的经历，所以几乎不会有人将他视为政治上的同志。但是他总能以冷静的思考，关注诸如广岛问题、冲绳问题、核武器问题，还有在2005年出现的日本修宪危机中，努力使自己的主张显得合理，虽然这些主张未必能对现实的政治产生改变，也从未放弃过自己批判的立场。

　　对于大江健三郎在"九条会"（1947年日本新宪法的第九条，被认为是核心条款：第一款，日本国民衷心谋求基于正义与秩序的国际和平，永远放弃作为国家主权发动战争、武力威胁或使用武力作为解决国际争端的手段。第二款，为达到前项目的，不保持陆海空军及其他战争力量，不承认国家交战权。而到2003年，当时日本的首相小泉公开表示：要修改宪法第九条，把自卫队变成"名副其实的军队"，并且把自民党成立50周年即2005年当作修宪的时间表。包括大江健三郎在内的有良知的老一辈知识分子作家加藤周一、剧作家井上厦等人组成"九条会"，反对修宪。）上发表的"保护宁静而和平的生活"的演讲，以及相关的社会性发言和行动，萨义德得知后，在与大江的往复书简里这样赞许道："大江先生，你不是为了网罗名声以及奉承，而是为了踏入人的存在所伴随的复杂且不见人踪的泥沼，在动员诺贝尔文学奖获得者这个不可估量的信誉力量。"

年过50的大江创作了小说《致令人怀念的岁月的信》，很快就出版了法文译本，萨义德在与大江邂逅时，就对大江说了他的批评意见，说是为此写了很长的读书笔记。萨义德对《致令人怀念的岁月的信》里出现的那位名叫义兄的出场人物产生了共鸣，并针对小说的主人公写了一封批判的信函，解读出了大江所没有觉察到的问题，并收录在他去世后整理出版的《晚期风格》中。

萨义德在书中表示："人到晚年之后，无论悲伤也好，愤怒也好，对于人生以及世界的疑惑也好，能够以猛烈的势头调整这一切、面对这一切，并推进自己工作的，则是艺术家。"与大江同年出生的萨义德，因白血病于2003年9月去世了，他一直奋斗到最后一刻，他始终提醒自己，要做"有良知的批判知识分子"，直到死去。大江之所以能与萨义德产生共鸣，我想更多的还是心性相同或相近的知识精英之间的一种互相欣赏，他们都是以"流亡的艺术家"的姿态在写作，在爱，在生活。

第八章　诺贝尔文学奖再临东方

1. 荣获"诺贝尔文学奖"

1994年，瑞典皇家文学院决定将本年度的诺贝尔文学奖授予大江，并对大江的作品作了这样的评价："用诗一般的力量创造出一个想象中的世界，再将生活与神话浓缩后，表现出现代人类处境紧张失措的景象。"这样，大江就成了继泰戈尔和川端康成之后，亚洲第三位获此殊荣的作家。

在获得诺贝尔文学奖之后几天，日本政府决定授予大江"文化勋章"。但是，大江拒绝接受这项象征天皇制政府的最高荣誉，理由是"文化勋章"与战后的日本民主主义并不吻合。

在获得诺贝尔文学奖后，大江曾一度封笔，埋头于学习哲学，进行着理性的思考。当时正值日本经济辉煌后的萧条时期，新国家主义的风潮和对战后民主主义的否定势头乘机抬头，正是针对这种倾向，从1995年到1999年，大江用4年的时间创作了长篇小说《空翻》。大江在小说中特别强调对"自我灵魂"的关注，希望人们通过自我灵魂的构筑来与右翼势力所倡导的"国家主义"相抗衡。在精神和信仰空白的日本，大江以文学的方式努力为人们寻找着"构筑灵魂的场所"，寻找着存在的本质意义。

1901年12月10日，诺贝尔逝世五周年，诺贝尔奖设立。诺贝尔文学奖是阿尔弗雷德·诺贝尔遗嘱中提到的五大奖励领域之一。他在遗嘱中说奖金的一部分应颁给"在文学界创作出具有理想主义倾向的最佳作品的人"。文学奖的颁奖单位是瑞典文学院。从1901年开始，瑞典文学院的评委们就在反复探讨到底何为诺贝尔遗嘱中所说的"理想主义倾向"。这长达一个世纪的评奖过程，从某种意义上说，就是对"理想主义倾向"不断进行阐释的过程。从最初的符合传统文学风范到对宗教、君主政体、婚姻以及整个社会秩序采取批判，对人类的深刻同情、广泛的博爱主义，对人类生存价值、生存困境的真实描绘，再到多元文化的交融，直至人文精神的复兴。这实际上是文学观点、价值观念、审美情趣在不同时代、不同社会和不同人文背景下的一次次转变和具体展现。

1994年诺贝尔文学奖于10月13日在瑞典皇家科学院揭晓，59岁的大江获此殊荣。他是继1968年川端康成之后，日本第二位获得诺贝尔文学奖的作家。那一晚，大江和家人就像往常一样拉上了窗帘然后吃晚饭。饭后家里播放着长子大江光的CD，大江一如既往地在音乐中看书。就在这时，电话铃声响了起来。大江家有一个习惯，一般家里的电话，先由光接，然后传达给家里人。大江知道，光平日里经常收看电视播放的外语节目，听力非常敏锐，如果只是简单的寒暄，从德语到韩语和汉语他都能说上几句。然而这一次，光对话筒说了声"No"后，就把听筒送到了大江的面前。大江刚接过话筒，数年前在瑞典被称为"书城"的哥德堡市演讲时认识的大学教授以愉快的语气笑说道："你是在说不？"然后就变换为认真的语调，用平稳的话语通知大江说："瑞典皇家科学院决定由您获得诺贝尔文学奖……"大江一时间都没有缓过神来，简单地表示感谢之后，便挂上了电话。当时大江家里人也都被这个电话吸引住了，全都在看着放下电话的大江，他就说了一声"获奖了"，语气很平静。岁月除了让大江的头上增添了许多白发，还使他成为一个成熟而冷静的知名作家，所以他并没有表现出特别的狂喜。家里人也都静静地点了点头，便回各自的房间去了。

大江一个人留在起居室里，一切都还很安静。在大江获得诺贝尔奖之前，日本已有7人摘取诺贝尔奖桂冠，其中物理奖三人、化学、生理学医学、文学以及和平奖各一人。同时在这之前井上靖、井伏鳟二、安部公房和大江年年都被提名。其中，井上靖和安部公房呼声最高。每当瑞典文学院宣布获奖名单那天，井上家门前总是车水马龙，记者蜂拥而至，受到佳肴美酒的热情接待，而每次又都是乘兴而来，败兴而去。大江也是如此。3年前，大江叮嘱四国岛爱媛县老家的三妹富佐子，为免老母失望，不要告知又被提名。这次，大江名列前茅，92岁的老母喜上眉梢，表示要去大江9岁时病故的父亲墓前，告慰其在天之灵。

聚集在大江家周围的记者，只是还没有得到媒体传来的消息。但很快，随着共同通讯社记者接听包租汽车上电话发出的"啊——"，那一声恍如漫画般的喊叫，这些聚集在大江家附近的记者们，在那一瞬间便感觉到大江获奖了。不久，大江打开大门出现在记者们面前，随即便被照相机的闪光和电视摄像机的照明包围，就这样开始了记者会见。大江换上了竖领白衬衣，始终是一副威严的表情，显得非常沉着，他表示"日本文学的水平很高。安部公房、大冈升平以及井伏鳟二如果健在的话，当然会是他们获得该奖项。由于得益于日本现代作家们的积累，依然活着的我获得了这个奖项……"。大江的身姿与声音在一个小时都不到的时间内，就通过电波传遍了整个世界。

按瑞典文学院的规定，作家本人不得毛遂自荐，候选人仅限于在世或提名时未作古的作家。1994年时，除大江外，井上靖等人早已溘然辞世，而诺贝尔奖要颁发给活着的人。对于大江获奖，瑞典文学院宣称，大江"以诗的力度构筑了一个幻想世界，浓缩了现实生活与寓言，刻画了当代人的困扰与怅惘"，强调大江"深受以但丁、巴尔扎克、艾略特和萨特为代表的西方文化的影响"，"通晓西方现代派传统，开拓了战后日本小说的新领域，并以撞击的笔触，勾勒出当代的人生况味"。日本文艺评论家则认为，26年前川端康成以日本古典抒情美，令西方人士耳目一新，大江则以西方现代派风格与国际接轨，博得评委的青睐。

12月，大江携妻儿赴斯德哥尔摩参加授奖仪式，从瑞典国王手中接受了诺贝尔文学奖，其授奖的理由是"通过诗的想象力，创造出一个现实与神话紧密凝缩在一起的世界，描绘现代的芸芸众生相，给人们带来了冲击"，同时指出"他成功地在自己创造的想象世界中开掘个人的东西来表现人类共同的东西。对于他有了残疾儿子之后的作品，尤其可以这样说"。大江的获奖作品是《个人的体验》和《万延元年的足球队》。

12月7号大江在斯德哥尔摩发表受奖纪念讲演《我在暧昧的日本》。这个标题无疑是想到了他的文学先辈川端康成。二十几年前，川端康成站在同样的讲台，发表了《美丽的日本的我》，以诗情画意般的语言，描绘着日本的美。但是一直致力于世界和平的大江讲不出类似的话语，无论是从二战的历史，还是现实情况，他都无法把日本描绘成美丽的世界。他是战后日本文学精神的代表者和护卫者。早在50年代，大江就把社会环境比喻为"暧昧而坚厚的墙壁"，现在，他仍用"暧昧的"来概括日本的现状，并冷静指出这状况下潜伏的危险。他直面现实，以一个知识分子的良知向全世界做着不再"暧昧"的宣告。

应该说，大江这次获得诺贝尔文学奖并非偶然。自1989年以来，他已获得过几项欧洲文学奖，在国际上的声誉迅速提高。另外，从60年代末他的长篇小说《个人的体验》被译成英文版以后，其主要作品相继在欧洲翻译付梓，总数约达60种，包括十几种文字。当1989年《万延元年的足球队》在瑞典出版时，主要报纸都以一版篇幅予以赞赏。同时，大江通过广岛的原子弹爆炸——核，找到了把自己的个人苦难和人类的苦难统一的契机，使长子出生的个人的体验，在"核"的大背景下，与人类的普遍性联系在一起。大江在作品中反复向人们提出了这样一个问题：在核武器威胁着世界的今天，人类应该如何超越文化的界限共同生存下去？应该指出的是，大江所处理的这个主题，无论是对他本人，还是对世界文学都是相当重要的。当今世界，威胁人类的最大敌人，莫过于不知何时降临到人类头上的核战争。所以，有预见地把这个灾难用文字表述出来，寻找着能够摆脱苦难的出路，还有些"超文学"的因素存在。因此，在第二次世界大战结束50周年到来之前，把举世瞩目的诺贝尔文学奖授给大江，从某种意义上，表现出了诺贝尔文学奖的真正意义之所在。

2. 拒受文化勋章

日本文化勋章设立于1937年，以在学术、文艺、绘画、雕刻、建筑、音乐等方面对日本文化发展做出了卓越贡献的个人为对象，由文部大臣向选举委员会提名，然后由内阁会议决定授予名单，通常是文化和科学领域的几位杰出人士。每年11月3日为日本文化日，选定这天在皇宫举行授奖仪式，由天皇亲自颁奖。

在瑞典皇家科学院1994年10月13日下午宣布将当年度诺贝尔文学奖授予大江之后的几天，日本政府和他故乡爱媛县地方政府分别匆忙宣布：将日本文化勋章授予大江。但大江拒绝接受这项象征天皇制的政府最高荣誉，理由是"文化勋章"与战后的日本民主主义并不吻合。

其实，大江拒绝接受文化勋章与他一贯的人道主义立场是一致的。在大江12岁时，正逢日本公布新宪法，宪法中"主权在民，放弃战争"的内容对他的思想形成具有很大影响。同时恩师渡边一夫人道主义思想也在潜移默化中影响着大江。大江希望用自己的小说来反对侵略、消灭战争，恢复善良的人性，所以才写出《核时代的森林隐遁者》、《洪水涌向我的灵魂》等批判核武器和环境公害等作品，这是他的人道主义思想发展的必然结果，而他的作品也已经充分证明。这位日本战后最不循规蹈矩的作家说"我之所以辞退文化勋章，是因为我不承认还有胜过民主主义的权威和价值观。"同时他批判了日本对于战争的反省趋于淡漠的倾向："第二次世界大战结束快50周年了，我希望这是重新反省对于广岛和原子弹爆炸的观点的机会，可是今天的日本不存在这样的态度。"

作为战后民主主义的旗手，大江对日本社会制度一贯保持批判态度，并把这种态度与对文化勋章的看法联系起来。10月14日，大江在朝日新闻社采访他时，便宣布："我不接受国家的任何勋章，死后也不接受。这是我的遗嘱！"同时，他强调，他接受诺贝尔文学奖，因为"诺贝尔奖将从瑞典市民那里领取"。他明确地表达出：这一拒绝一接受的态度，两者并不矛盾。10月15日，大江在《东京新闻》上撰文，阐述他拒绝文化勋章的理由。他说，他在作为"战后的一位民主主义者"，无法接受天皇授予的"国家荣誉"，因为天皇是坐在从第二次世界大战前的时期遗留下来的社会等级制度的顶端。10月16日，《朝日新闻》报道，大江在出席"大江光的音乐"演奏会的讲演中，又一次风趣地比喻说："文化勋章对自己来说，就像寅次郎身上的晚礼服一样不合适。已经关照了妻子，就是在我死后，也不要与这类事有牵连。"

后来，大江在接受美国《纽约时报》的采访时，又强调说："我之所以辞掉文化勋章，是因为我不承认还有胜过民主主义的权威和价值观。这是极为单纯而又非常重要的事。"大江认为，"日本已失去把主义、原则或理论同现实相联系起来的力量"；同时批判了日本对于战争的反省趋于淡漠的倾向："第二次世界大战结束快50周年了，我希望这是重新反省对于广岛和原子弹爆炸的观点的机会，可是今天的日本不存在这样的态度。"大江特别指出，天皇制是非民主主义的遗物，是令人想起第二次世界大战的恐怖的存在，发动战争的责任正是在于天皇制。他拒不领受文化勋章的背景，即在于此。

大江拒绝接受文化勋章的事件在日本文化界引起了广泛的反响。作家李恢成说，他与大江是同龄人，战败时都是国民学校五年级学生，因为已经10岁了，所以完全理解那场战争意味着什么。勋章不是要在天皇面前领取吗？对于表现绝对制天皇主义是如何辜负日本国民的先辈们怀有敬意的大江，其做法是可以理解的。当然，大江也为此受到日本右翼分子的攻击和威胁。但大江始终不妥协，他毫无畏惧地表示："比起1961年因发表政治小说受到右翼围攻而陷入孤立无援状态来，现在处境好多了。作为一名小说家和一个日本国民，我有表现的自由和示威的权利。我将以此迎接任何挑战。"

大江的民主主义立场是坚定的，他对天皇制和日本军国主义的批判态度也是毫不动摇的。1995年适值日本投降五十周年，大江在美国《纽约时报》杂志发表题为《否认历史导致日本无能》的文章，尖锐地批评日本政府不认罪的态度。文章指出："日本要在21世纪的亚洲成为一个真正的伙伴，就必须建立一个基础，使自己能够批评邻国，也能听取邻国的批评。为此，日本必须为其侵略行径道歉，并提供赔偿。这本是起码应做到的，大多数有良知的日本人对这一点已达成共识，但是也遭到保守党派、政府官员和工商业领导人组成的联盟反的对……""日本和日本人必须致力于亚洲的康复。在我国整个现代化历史中，特别是在现代化达到顶峰的侵略战争中，我们丧失了成为亚洲一部分的权利，我们一直在没有重新获得这种权利的情况下生存。"

"不进行这种康复医治，我们就永远不能改变我们对邻国采取的模棱两可的态度，不能清除我们与他们之间在关系上不实在的感觉。如果说我相信这种感觉可以消除的话，那并不是因为我预料政府的态度会发生重大转变，而是因为我发现真正的反省已在不知不觉间深深地蕴藏在老百姓心中。"

大江对当代日本的社会现实心怀不满，对日本人民的未来感到不安，他与统治阶级之间存在着不可调和的矛盾。从天皇制到民族问题，从美军占领到右冀势力抬头，从广岛到冲绳，他用手中的笔对现有的体制做着坦率的揭露，呼唤着世界的和平、人类的拯救。大江获得诺贝尔文学奖后，在进一步谈及文学的责任时认为："所谓文学的责任，就是对20世纪所发生过的事和所做过的事进行总清算。关于奥斯威辛集中营、南京大屠杀、原子弹爆炸等对人类的文化和文明带来的影响，应给予明确的回答，并由此引导青年走向21世纪。"

这位毫不犹豫拒绝接受文化勋章的诺贝尔文学奖获得者，在政治问题上态度总是非常鲜明。他反对日本军国主义和民族主义，反对核武器，甚至向整个制度提出挑战。然而，从事政治活动并没有妨碍他成为出色的文学家并最终摘取诺贝尔文学奖的桂冠。连政治上和他截然对立的三岛由纪夫也承认："大江健三郎把战后日本文学提到了一个新高度。"尽管被授予文化勋章是一个很大的"国家荣誉"，但大江用拒绝的方式捍卫着自己始终一贯的人道主义立场，赢得了世界爱好和平的人民的敬重。

3. 灵魂的"空翻"

大江59岁时，本想在60岁这年从根本上对自己进行检讨。大江认为依靠一点一点写出的小说连接起来的人生似乎是懈怠的人生，如此下去难以实现大的跨越。大江有了这个想法之后，便与妻子商量。妻子告诉他在没有收入的情况下，家庭生活可以维持三年左右。于是大江就考虑今后在国外的某个大学里教书，同时重新审视自己的作品，审视迄今为止的生活。恰巧《朝日新闻》社会部一位曾围绕光的第一张CD之事进行过电话采访的记者此时打来电话，询问有关第二张CD的情况，大江便顺便说到了当时的心境。很快，1994年9月17日《朝日新闻》在社会版上，以大幅版面刊登了题为"今后将不再写小说"如宣言一般的报道。

　　恰好这时，大江获得了诺贝尔文学奖，对于他而言，要想停笔不写小说而到某地悄悄生活之事已经完全不可能了。他的社会活动急剧增多起来，加上大江获奖之后更多地关注一些政治问题，从1995年3月《大日子》的发表到1999年《空翻》的发表，大概有四年半的时间，大江一直处于对外宣称的"封笔"状态。当然，在此期间，他并没有停止所有的文学方面的工作。他出版了由妻子由佳里绘制插图的散文集《康复的家庭》、《宽松的纽带》，还有《来自日本的"我"的信》、《大江健三郎小说》（共10卷）、《我的小说家历程》等作品。同时，他的文学活动依然非常活跃，跟国外学者保持通信，并前往韩国、美国、意大利、德国、墨西哥、西班牙、波兰等国，在国内外的各个地方发表演讲。可以说，由于获得了诺贝尔文学奖，大江的生活比原来忙碌了许多。但是，四年半时间里没有发表一部小说，这是以前从没发生过的事情。

　　1999年7月，沉寂数年的大江突然又推出了自己的新作《空翻》，成为新闻媒体又一次关注的焦点。《空翻》的扉页上写着：献给永恒的武满彻。武满彻是日本著名音乐家，大江的挚友，3年前逝世。大江发誓写一部小说，献于武满彻灵前。大江曾在一次关于《空翻》创作的访谈中谈道："这部小说的献辞上写着'献给永生的武满'。这缘于3年前，我与病逝前的这位挚友的一次交谈。在他久卧病榻与病魔苦斗时，我去探视他。他对我说：'我将减少其他工作，要集中精力搞音乐创作。'对于他的这种坚韧、执着的追求，我一直钦佩之至。由于自己的创作正处于苦苦思索和困惑之际，所以就非常羡慕地对他说:'祝贺武满君啊，决定了未来的奋斗目标!'并且，我也对他谈了自己各种新的想法。他是个非常直爽的人，把我的'设想'全都否定了。我的人生之旅所剩的时间也不多了。最后，我想只能继续用'小说的方式'进行创作。于是，就全身心地投入《空翻》的创作。"

日文中"空翻"既有翻筋斗之意，也指到某地后马上折返。大江是从象征意义上使用该词的，不仅是小说中教主的"空翻"，更是社会意义上隐喻的"空翻"。

大江创作《空翻》的四年，正值日本经济辉煌后的萧条时期，新国家主义的风潮

和对战后民主主义的否定势头乘机抬头。针对这种倾向，大江特别强调对"自我灵魂"的关注，希望人们通过自我灵魂的构筑来与右翼势力所倡导的"国家主义"相抗衡。而在上述时代背景下，一般日本人，特别是年轻人的心中出现了精神和信仰上的空白状态。资本主义使家庭、共同体及国家变得软弱无力。1995年，东京地铁出现了奥姆真理教散播沙林毒气，造成大量乘客和行人中毒伤亡的恶性事件。奥姆真理教的主要成员大都是高学历的年轻人。奥姆真理教产生的精神背景是"宗教的空白"。大江曾指出:二战后，出于对战前战时天皇崇拜的逆反心理，宗教意识普遍淡薄，这使奥姆真理教乘虚而入。正是奥姆真理教的沙林事件使一度决定在小说这种形式上封笔的大江再一次解除了自己的禁令，作家的良心使他不能不通过奥姆真理教事件，对日本人的信仰、灵魂等问题展开深层的探索。《空翻》正是大江对日本人的灵魂和日本人的精神等问题进行思索的产物。

小说的主角是两个中年人。师傅具有遥感、预测等神秘功能，

向导则有以语言解释师傅的特异功能，两人共创了一个新兴宗教团体。内部激进分子为让众人在世界末日忏悔，计划夺取原子能发电站，甚至不惜爆破电站。师傅已无法控制分散到日本各地的激进教徒，只好与政府警方联系，通过电视宣布自己所创宗教只是个玩笑，教义仅是游戏，劝说教徒放弃恐怖活动。教主放弃教义，如翻一个筋斗回到原地。从小说内容看，大江的笔触已经不再囿于偏远的森林谷间了，而是把所写的教会故事与现实进一步紧密联系起来，更多关注现代都市社会人们的灵魂问题；故事背景也由偏远的森林谷间变成在现代都市和森林之间转换。

大江称这部以"转向"为主题的小说已酝酿了40年。大学时代他曾认真思考战后日本人普遍"转向"问题。二战结束前，天皇在国人心中是至高无上的"神"；战败后天皇走下神坛，对日本国民思想产生很大震动。这对他们的思想"转向"起了很大作用。《空翻》正是对战后日本社会从宗教到政治的思考。大江不止在一个地方谈到，《空翻》是他最重要的作品，也是他最长的一部长篇小说，并很可能是他一生中的最后一部长篇小说。在日文版的封皮上，大江应出版者的要求为自己的小说撰写广告词时这样写道："现在我想在小说中创造一个构筑'灵魂'的场所。"而在书结尾处，大江更是以简短的话语点明了自己这部长达60万字的小说的主题："所谓'教会'这个词语，按照我的定义，就是指构筑灵魂的场所罢了。"从这些言语中可以发现，现代人的灵魂问题已成为大江近年来最为关注的焦点问题。

大江有着深刻的现实忧虑，他说："我相继发表的《燃烧的绿树》和《空翻》，其实都是我对日本人的灵魂和精神问题进行思考的产物。比如，日本出现奥姆真理教这个以年轻人为主体的邪教，就说明我们必须重视和研究有关灵魂和精神的问题。我只不过是在文学上把它反映出来罢了。"《空翻》是大江晚年的代表性作品，是从宗教和精神层面深刻挖掘日本人灵魂问题的小说，展现了现代人精神世界的荒芜，并呈现出希望的因素。江大正以睿智的目光来看待日本，看待这个世界。

第九章　朝向孩子们的世界

1. 以沉静的目光关注孩子

进入新世纪之后，大江几乎以每年一部的速度，接连出版了长篇小说《被偷换的孩子》（2000）、《愁容童子》（2002）、《两百年的孩子》（2003）、《别了，我的书》（2005），这其中，《被偷换的孩子》、《愁容童子》、《别了，我的书》作为了他的《奇怪的二人配》三部曲而被重新命名，出了三卷本的套装。同时于2001年、2003年分别创作了随笔集《在自己的树下》、《致新人》。

三部长篇小说，就文体来说，与大江以往的小说语言风格大相径庭，少有初期作品中因存在主义影响而导致的语言方面的标新立异，也不见接受俄罗斯形式主义影响后所追求的语言陌生化处理。尤其是《二百年的孩子》，更是用顺畅平实的口语文体书写而成，至少就语言意义而言，大大降低了文本的解读难度，使得文本的阅读年龄层甚至可以下行至12岁左右。

而随笔集《在自己的树下》，更是大江第一次专以孩子们为对象写下的。这部自传性很强的随笔集，分别以逃学、生存，还有自杀、语言、反战以及学习方法等作为不同主题，与所有具有相同或相似苦恼的孩子进行平等和真诚的交流。

渐入老境的大江，有大量的写孩子和为孩子而写的作品，他希望全世界的孩子可以成为连接过去、现在和未来的新人。

写完《空翻》之后不久，大江在加州大学伯克利分校发表了一个题为《面对"新人"》的演讲。面对"新人"，他说了这样一番话："这部长篇小说（指《空翻》）无疑也是我人生最后的东西之一，我在其中表达了对'新人'的期待，也是来自于同样的希望。虽然这是个人的情感，但是，在日本的社会和文学经历了自明治维新以来的130年，以及战后50年之后，为了对抗负面遗产的复活，把少量却正面的遗产保护下去，只能把希望寄托在新一代身上。"

进入新世纪，大江已经65岁了，即便步入晚年，他仍然没有停下手中的笔；相反，他以一颗沉静的心，开始关注孩子，关注未来的希望。2000年发表了长篇小说《被偷换的孩子》、2002年创作了《愁容童子》以及2003年发表了《两百年的孩子》，同时于2001年、2003年分别创作了随笔集《在自己的树下》、《致新人》。这五部不同体裁的作品有一个显著变化——大江不仅在书名里醒目地含有孩子、童子和新人字样，其内容亦以孩子、童子和新人为主题，即便在文本之外，也不断出现以孩子、童子和新人为题的各种演讲或读书会等活动。就读者对象而言，这些作品中有些原本就是为孩子们而书写的。

《被偷换的孩子》与《忧容童子》都是围绕着"童子"这一形象主体展开的，其创作的直接诱因，是大江晚年生活中所遭遇的又一个悲剧性事件：1997年12月20日，他早年的同窗好友，妻子的哥哥——伊丹十三跳楼自杀。大江从伊丹悲剧中敏锐感到了当年战争阴影的存在。所以他开始寻找一个能"把这件事写成小说的线索"。后来大江在加利福尼亚大学伯克利分校工作期间，读到了欧洲艺术家森达克的"以欧洲的传说故事中变形为主题"的文学与卡通作品"换孩"（changeling），它讲的是一个婴儿被戈布林盗走，并留下一个"冰雕假婴"为替身的故事。大江说："在战后混乱时期生活过来的年轻人，无论是我还是伊丹……不都是被戈布林盗走的真正美丽的孩子的替身的变形吗？"大江在写作《被偷换的孩子》的过程中，以自己为原型塑造了古义人，以伊丹为原型塑造了吾良，才华出众的电影导演吾良在毫无预兆的情况下自杀身亡。作

大江健三郎传

135

为他的好友和妹夫，古义人陷入了深深的困惑中。他倾听吾良留下的数十盒录音带，通过与死者灵魂进行交流的方式，试图揭开吾良自杀之谜。在这个过程中，古义人与吾良共同度过的年少时光逐渐清晰地展现出来。

在这部将现实与虚构、时间与空间巧妙融合起来的作品中，吾良显然是作者笔下的一个"changeling"。从吾良这个名字的字面意思上看，这应该是一个原本善良的人物，一如襁褓中那个婴儿般美丽而纯洁。这样一位俊美的年轻人却被一伙国家主义分子以其青春而健康的肉体为诱饵，将美军军官诱至山中杀害并夺走佩枪……这帮国家主义分子在毁灭美军军官皮特生命的同时，也将英俊少年吾良的善良和纯真也一同毁掉了。当然，最终彻底夺走其生命的是另一些戈布林——疯狂报复的黑社会暴力团伙和大肆炒作所谓绯闻的不道德杂志等媒体。

这部小说表现出大江强烈的忧虑，一些年轻人内心的纯真和美好正在被戈布林们盗走，这些年轻人在高度发达的物质文明和极为贫乏的人文精神中迷失了自我，或成为被不同程度物化了的躯壳，或成为奥姆真理教等形形色色的邪教的祭品；同时，一些政客内心里的道德和良知正在被戈布林们盗走。是的，各式各样的戈布林正在威胁着世界的和平，威胁着人类的未来。面对这许多威胁，大江在他的作品中提出了他的想法，他期盼并呼吁一代新人的出现，呼吁那种没有遭受污染、象征着人类的良知、纯洁和美好未来的新人的出现，"只将你的心扉，向尚未出生的孩子敞开！"

《愁容童子》的舞台照例还是在四国那片森林里，早已成为著名作家的古义人带着长子阿亮和美国知识女性罗兹回到故乡。其书名中的"愁容"，喻示在故乡"重新解读"主人公古义人，如堂吉诃德般为世间种种不平之事而愤懑忧虑。"童子"则是活跃在大江故乡传说中的"可以自由往来于时间和空间"的龟井铭助，一个每每转世投生后，出现在暴动的山民和矿工等处于弱势的劳苦大众身边，出谋划策的传奇少年。当然，在这个文本中，多次转世投生的龟井铭助只是诸多"童子"中的一人。大江借助其助手罗兹之口对"童子"做了这样的诠释："那些'童子们'从森林中的做梦人那里出发，前往世界各处，然后再回到森林里来。永远这样周而复始，森林深处那个犹如巨大机关般的做梦人所见到的梦境，是'梦中浮桥'"。通过这座浮桥，无数"童子"在各不相同的时间，前往各不相同的工作场所，前往现实世界。但是，做梦人却从不曾迷失无数"童子"中的任何一人。这一个个"童子"的工作，就映现在做梦人梦中的银幕上。较之于以往小说中的"童子"，大江显然赋予《愁容童子》中的"童子"更为广泛和深刻的意义：这个文本里的"童子"是一个群体而非此前作品中经常出现的、多次转世投生的龟井铭助一人。无数"童子"在各不相同的时间，前往各不相同的工作场所，通过梦境向总指挥"做梦人"（原本也是一个童子）请示并接受指令。5岁前曾一直与童子古义生活在一起的古义人其实也是（或将成为）这无数童子中的一人……

《两百年的孩子》是大江迄今为止为孩子们创作的唯一一部幻想小说。小说主角是乘坐"做梦人"的时间装置往来于过去、现在和未来的兄妹三人。很明显，大江以自己的三个孩子作为这兄妹三人的原型。在小说中，孩子们听说在父亲古义人的故乡有一个神奇的传说——当地传说中的童子只要在森林中千年柯树的树洞里合眼入眠，就能够前往自己想去的地方，看到自己想见的人和事物。兄妹三人为了见到去年已经去世的祖母，便在暑假期间来到林中找到那个树洞，并在小狗"腊肉"引领下，邂逅了在120年前拯救村子于危难之中的神奇童子铭助。为了救治在逃跑中受伤的孩子们，他们回到现在的社会里取回喷雾型消炎药，为暴动的农民提供力所能及的帮助，却无法改变业已凝为历史的以往事实。这三个孩子还邂逅了在103年前的明治初期到美国留学的第一位日本女留学生。当然，大江没有忘记安排这三个孩子以同样方法前往2064年的世界各地，想让他们看看未来那个时代的高度管理型社会是否充满光明。倘若情况并非如此，孩子们将会从当下这个时间点上开始努力学习，以积蓄改造甚或创造光明未来的力量。

大江通过描写"三人组"穿越从1864年到2064这200年时空之旅的整个过程，突出强调了"现在、这里"的重要性。过去与现在紧密相连，未来溶化在现在当中。在过去、现在、未来这一历史进程中展现出灵魂与肉体、物质和精神的状态，进而提出"新人"的思想，指出人类生存的本质是以"和解"取得和平。在这部作品里，大江更多地使用"孩子"这个词汇，意在未来是属于孩子的，是属于少年的，是属于那些即将成为世界主宰的年轻人的。他以《两百年的孩子》这样直接写给孩子看的作品，来向孩子们发出呼唤："我们最为重要的工作，就是创造未来。"

如果说，大江在此前的作品中对他寄以希望的"新人"所做的界定还不那么清晰，对"新人"的期望也不那么明确的话，那么，这三部系列长篇小说，大江对于"新人"这个概念就有了非常明确的界定，那就是象征着美好和纯洁的未来的孩子。

2. 在自己的树下

大江完成于2001年的随笔集《在自己的树下》是第一次专以孩子们为对象写下的。书名也来自一个民间传说。小时候，大江的祖母曾对他讲：山谷中的每一个人都有一棵属于自己的树，人的灵魂从"自己的树"的根中出来，钻到刚降生的孩子身体里，而人死了之后灵魂又返回树根里。聪明的灵魂会记住自己是从哪棵树来的……大江亲切的笔触以及其夫人由佳里所绘制的插图，构筑了随笔集温暖的色调。而那些成长历程中的困惑与挣扎——逃学、生存、自杀、语言、反战以及学习方法等，也都是大江最想与孩子们分享的。

大江自己有三个孩子，其中长子大江光是一个智障孩子，大江的文学与长子共同生活，对这个孩子付出的心血也只有大江夫妇自己知道。如何与孩子共同生存一直是大江文学创作中的重要主题，而从对智障孩子的关爱升华到对20世纪人类悲剧乃至对世界和平和人类文明进程的关注，进而到晚年表现出对纯洁善良的新人的渴盼与希望，也是大江创作的一个轨迹。

在这本写给孩子们的书中，大江一改往日艰深难懂的写作特点，用平易近人的笔触讲述了自己童年时期的经历和成长故事。整本书共由16篇散文组成，每一篇都是围绕"孩子的童年生活中，大人到底应该给他们什么？"这样的问题来讲述的。"因为想写的东西太多，结果把为小学高年级的孩子们写的东西和为已经读了高中正准备考大学的人写的东西都写了进来"，简洁流畅的语言，充满挚爱之情的文字受到从小学高年级学生到高中生的广泛欢迎。大江以自己的童年经验为题材，用质朴的笔法，为孩子解答许多人生疑问，融入了他对人生的持续思考及少年时代的回忆，情感真挚。这些娓娓道来的小故事，让读这本书的孩子仿佛是在和自己对话，在对话中又能启发思考。

大江知道学习对于孩子的重要性，但是他也知道很多小孩对学习并没有特别的兴趣，或者说孩子们只是在家长的希望下努力学习。因此在开篇《孩子为什么一定要上学》中，大江从自己的例子和长子大江光的例子着手，用自己的经历来解开自己一直思考的问题。大江本来怀疑孩子是否一定要上学，但经历过被围困在山洞的生命危险之后，便带着宁静而喜悦的心情去上学了。而长子光到7

岁才上学，这个智障孩子在学校的学习中展现了音乐才华，获得了存在的意义，这让大江格外地欣慰。一次是奄奄一息后对知识的渴望，一次是抱着尝试的态度进入课堂，这两次经历让大江真正解决了自己一直在思考的问题。孩子们去上学，能"深刻地了解自己，与他人交流"，在学校这个集体中，学习各科知识的同时，学会与他人沟通，与这个世界沟通。

大江爱思考，除了反复问"为什么要上学"之外，还有诸如"用什么样的方法生活""想成为什么样的人""学习方法是怎样的""喜欢读什么样的书"等等。这是大江写给孩子们的书，对他来说，这些问题在他成长的过程中一样无法回避，所以他选取了许多纯净而又温情的童年场景，让孩子自由驰骋在拥有一切可能的童年里。但是大江从不将自己的观点强加给可能会读这本书的孩子们，而是充满趣味性地向孩子们讲述自己的思考过程。大江更愿意带动孩子们一起思考。他只是亲切地讲故事的人，从不表现出语重心长的长辈的姿态，而是以朋友的口吻，让孩子产生心灵的共鸣。

大江相信每个孩子都有一棵属于自己的树，在这棵树下，孩子们有着与众不同的想法和意外的发现，这棵树会成为他们童年温馨的回忆。在树下，孩子们可以感受季节的美丽、分享劳动付出的快乐和耐心等待后收获的喜悦。这棵树还会是孩子独特而忠实的朋友，孩子如果有了快乐或是伤心的小心事、小发现，都可以悄悄告诉自己的树。"你长大之后，也要继续保持现在心中的想法！只要用功念书、积累经验，把它延伸下去，现在的你，便会在你长大之后的身体里活下去。而你背后的过去的人们，和现在你前方的未来的人们，也都会紧密连接着。你就是诗人叶芝所说的'自立的人'。就算长大了，也会像这棵树一样，或者说，就像现在的你一样，顶天立地活下去！祝你幸运，再见，总有一天，我们还会在某处相遇！"

除了随笔集《在自己的树下》充满了对孩子的关爱，大江在随笔集《致新人》中，进一步希望全世界的孩子可以成为连接过去、现在和未来的新人。《致新人》收入的15篇随笔文章可以多角度地为孩子们提供学习和生活方面的智慧。逐渐步入老年的大江在结束自己的作家生涯前，更希望日本的、亚洲的、全世界的孩子们都能成为新人，能够成为尊重以往历史并开创美好未来的新人。大江走过风雨兼程的大半人生之后，更愿意在自己的树下，回忆自己的孩提时代。他敞开心扉，有关童年的记忆就像一幅幅沉淀在岁月深处的素描出现在他眼前，清晰而又亲切。这是一种别样的温暖，也让大江找到了为孩子、为年轻人书写的勇气。

大江现在已经70多岁，他说自己从开始写小说到现在已经有五十多年了。"人一旦年纪大了，就会关注年轻和年幼的人。"大江一直在努力，他希望孩子们快乐，也真诚地向孩子们讲述着他们可能遇到的成长的烦恼。同时，跟着大江温婉的叙述，更多人会被他拉回到童年青草地，河边柳絮纷飞，夕阳下琅琅读书声的记忆中去。某个静谧的午后，心灵沉静，面朝大海，春暖花开。

第十章 · 中国情缘

1. 五次踏上中国的土地

　　大江曾在多个场合谈到自己与中国以及中国文学的渊源。大江在2006年访华并接受专访时谈到，他全家都受到了中国古典文学的影响，他说小时候父亲一再提醒他："不要忘记，我们是中国人的学生！"他本人也一直对这个与日本文化关联性最深的古老国度心生向往。在大江的整个人生中，总共来中国访问了五次，与中国结下了颇深的情缘，也结交了多位隔岸的文学朋友。

　　大江前两次访华，只是作为日本作家代表团的成员，更多是用眼睛观察，用耳朵倾听，并没有什么实质性的发言。后三次访华，作为诺贝尔文学奖得主的他成为主角，不仅与中国多位著名作家座谈交流，还发表了演讲，甚是精彩。

　　1960年的5月，在日本国内反对日美安全保障条约斗争的高潮中，25岁的大江——这位已在日本文坛小有名气的战后派青年作家，第一次跟随以野间宏为团长的日本作家代表团访问中国。

　　在中国进行访问的半个多月里，大江和代表团其他成员一起先后受到了周恩来、毛泽东、陈毅、郭沫若和茅盾等人的接见。在受到周恩来总理的接见时，他非常意外地听到总理用法语对他向前一天晚上在日本国会议事堂前的冲突中牺牲的东京大学的女学生桦美智子表示哀悼，并饮茅台酒一杯，以示追念。几天后，毛泽东在接见代表团时表示："像日本这样伟大的民族，是不可能长期接受外国人统治的。日本的独立与自由是大有希望的。胜利是一步一步取得的，大众的自觉性也是一步一步提高的。"

　　这次中国之行给了他极大的震撼和感动。后来大江还在《世界文学》杂志发表特约文章，认为日本人民在反日美安全保障条约的斗争中"报答了中国人民的友谊，从而结成了永恒的友谊"，并且充满热情地写道："我们日本人民向中国人民保证并发誓决不背叛你们，永远和你们保持友谊，从而恢复我们作为一个东方国家的日本人民的荣誉。"

80年代初期，大江作为受萨特存在主义影响很深，且在此前对我国某些政治文化现象提出过直率批评的作家，于1984年11月，参加以井上靖为团长的代表团访问中国，受到胡耀邦总书记的接见。大江在参观鲁迅故居和鲁迅博物馆后感叹鲁迅是"具备战斗的人道主义的、果敢前进的悲观主义者"。这是对鲁迅"绝望之为虚妄，正与希望相同"的精彩诠释。其后，还随团相继访问了新疆、西安和上海等地。

大江后来在回忆时说："这次访华，只用眼睛和耳朵，而不用嘴巴。"因为那一时期，大江的作品，尚未能翻译过来介绍给广大中国读者。

1994年大江获诺贝尔文学奖。那时候中国社会及文坛已与时俱进，读者也强烈要求了解大江及其文学。在这种形势下，国内翻译出版了大江的多部作品集。2000年9月，大江应中国社科院外国文学研究所的邀请，作为诺贝尔文学奖获得者访问中国，这是我国历史上第二位、（第一位是泰戈尔）新中国成立后第一位诺奖获得者访问我国。

这是大江的第三次访华，也是他与中国邂逅、与中国文坛邂逅的一个转机。在访问期间，与中国作家王蒙、莫言、余华、铁凝等举行座谈会，畅谈中日文学创作，进行了广泛的文学交流。他非常高兴地说，他这次可以"成为一个有嘴巴的人"了。

访问期间，大江接受了中国社会科学院外国文学研究所颁发的名誉研究员证书，并对李铁映院长表示，下次来北京，要亲自对社科院的年轻人发表演说并回答他们的问题。

其后还到了清华大学讲演，并与北京高校的学子对话，首先谴责了侵华日军的南京大屠杀，并希望从中国青年获得具体的话语，传达给日本青年，让中日青年共生共存。大江在这短短的四天访华日程中，还出席了与中国记者见面会，在"FM365.COM"与网民聊天，在西单书城举办当时新出版的多卷本《大江健三郎自选集》首发式上，为中国读者签名售书。最后，在离京返国的当天上午，大江在莫言等人陪同下，参观了中国现代文学馆。通过这一个个活动，大江走近了他一向敬重的鲁迅、巴金、钱钟书、沈从文……走近了中国、中国作家和读者。

这次访华，大江为中国改革开放以来的巨大变化而震撼。回国后，大江还在电视台热烈赞赏中国取得的伟大成就，认为在北京度过了"自己人生中最为幸福的时光"，并偕同井上厦等著名作家，在国会议事堂召开大型记者招待会，谴责日本右翼篡改历史教科书，要求尊重历史，面对历史，对中国等受侵略的国家进行战争赔偿，以此警醒日本下一代记住那段侵略历史，不要重犯历史错误。

大江与莫言早已神往，他们两人在创作的原点和创作的理念上，有不少相似的地方，也有许多共同的语言。大江出生在四国的农村，他以为，用某种形象来表达农村生活含蕴的一种积极的东西、一种活力、一种强大的力量，这就是他的文学。莫言则出生在山东高密的农村，他说，他的很多小说都发生在这个环境里，它已经不是一个地理上的概念，而是一个文学的王国。他是在那里开创自己的文学的。

的确，这种相似的文学理念，更将他们的心紧密相连。虽曾有邂逅，但由于千禧年访华时行程仓促，两人没有单独对话、深入交流的机会，于是相约彼此互访他们出生的地方，互访各自文学源流的故乡。

2002年2月，大江按约定来到了莫言的"文学的王国"——山东高密市东北乡，在莫言出生的又矮又旧的老屋里，双方进行了长时间的对谈，探讨共同的心灵的故乡。日本NHK电视台还播放了大江与莫言的对谈——《文学应该给人光明》。

　　在交谈中，大江听了莫言少时在这里生活、在这里面对大洪水的回忆，马上仿佛在眼前真的看到了一个眺望洪水的少年的背影，就觉得过去不大理解莫言的《秋水》的一些场景，现在觉得自己理解莫言的文学了。而且大江也说，他在一些小说里也写过大洪水，他听了莫言的回忆，突然明白了一点：他写的洪水和他少年时代经历过的日本的战争密不可分，因此他对洪水抱有与生俱来的恐惧。莫言接着这个话题谈到，他看了大江的《万延元年的足球队》以后，就觉得里面写的东西，与我们文革时期一帮孩子今天组织一个战斗队明天组织一个战斗队，来回乱跑乱窜乱革命很相似。莫言补充说，中国的知青不了解农村人的思维方法，我们则完全是农村人的思维方法。这两位作家，正如莫言所说的："我们两个人的人生起点和文学的起点有很多相似的地方"，就是这一点，他们的对话非常投机，非常契合。莫言对大江能千里迢迢飞越大洋到访中国偏僻的农村高密东北乡，表示"这种力量肯定是来自文学"。

　　2006年9月的北京，天高云淡，大江接受了来自中国社会科学院的访问邀请，蹒跚而来。这是大江健三郎的第五次访华，71岁的大江和蔼风趣，虽然已是头发灰白，脸上布满皱纹，但还是充满生机，言语诙谐，表现出了非凡的风度与气质。他还戴了一副酷似鲁迅戴过的纯圆眼镜，更增加了他的书生气。这次中国之行，他嘲讽自己是把"这尊老迈之躯运到北京来了"。

　　当时，整个亚洲社会还处在小泉参拜靖国神社、议会立议修改日本宪法第九条的不和谐气氛里。对于这些试图推翻历史记忆的声音，日本与中国的知识分子正在共同寻找着"和解"之道。大江也对于中日关系忧虑重重。他特别要求参观了南京大屠杀纪念馆，面对馆中陈列的日本军队当年的暴行的照片时，这位步履蹒跚的老人，目光凝重一言不发。

在论及大江文学的构成要素时，学界一直关注来自法国的存在主义与萨特，俄罗斯形式主义和荒诞现实主义与巴赫金，叶芝、艾略特、布莱克等诗人与拉伯雷、本雅明等作家的影响，却没有注意到中国因素在大江文学中的存在以及发挥的影响。

其实中国文学对大江有着深远的影响。大江很早就对鲁迅的为人和鲁迅文学的批判精神表示了极大的崇敬，在成为诺贝尔文学奖得主后，依然谦逊地表示："世界文学中永远不可能被忘却的巨匠是鲁迅先生。在我有生之年，我希望向鲁迅先生靠近，哪怕只能靠近一步也好。"

此次访问中，大江分别在北大附中、中国社科院发表题为《走的人多了，也便成了路》、《始自于绝望的希望》的演讲，标题均取义于鲁迅先生的文章，大江从12岁看到鲁迅的文章后，便一直心向往之，也是从那时起，对中国，产生了一种亲近感。

2. "走的人多了，也便成了路"

——日本作家大江健三郎在北京大学附属中学的讲演：

"我是一个已经步入老境的日本小说家，我从内心里感到欣慰，能够有机会面对北大附中的同学们发表讲话。现在，我在北京对年轻的中国人——也就是你们——发表讲话，可在内心里，却好像同时面对东京那些年轻的日本人发表讲话。今天这个讲话的稿子，预计在日本也将很快出版。像这样用同样的话语对中国和日本的年轻人进行呼吁，并请中国的年轻人和日本的年轻人倾听我的讲话，是我多年以来的宿夙愿。尤其在现在，我更是希望如此，而且，这种愿望从不曾如此强烈过。在这样一个时刻，我要深深感谢为我提供了这个机会的所有人。同时，我更要深深地、深深地感谢坐在我的面前、正注视着我的各位同学。

"在你们这些非常年轻的同学现在这个年龄上，我所阅读的中国小说家是鲁迅。当然，是借助翻译进行阅读的。在那之后直至20岁，好像还数度阅读过鲁迅的作品，尤其是被收录到《呐喊》和《彷徨》中的那些篇幅短小、却很尖锐、厚重的短篇小说。因此，当前不久我的中国朋友利用各种机会向我询问'您最初阅读鲁迅小说时大概几岁？'这个问题时，我一直难以准确回答。

"不过，若说起'在哪儿读的？读了哪些作品？'等问题的话，我倒是记得非常清楚——是在日本列岛叫作四国的岛屿上一片大森林里的峡谷中的村子里读的。沿河而建的那排房屋里有一间是我的家。在我家那不大的房屋间有一个院子，院里生长着一株枫树，我便在那棵树的大树枝上搭建了一座读书小屋，坐在狭小的地板上阅读小开本的文库版图书，是'岩波文库'系列丛书中的一册。让我觉得有趣并为之感动的，是《孔乙己》和《故乡》这两个短篇小说。现在，我还记得孔乙己的发音是'コンイーチー'，是在翻译文本目录上的汉字标题旁用日语片假名标示的读法。这叫作注音读法，是日本人为学习难读汉字的读音法而创造出来的方法。我就是依据这种注音读法来发音的。不过，在我最初阅读的那本书上，标示的是'クンイチ'这个读音，我便这样记了下来。然而，准确说来，是什么时候读的这书呢？

"我决定借这个机会对此进行一番调查，于是，现在终于可以回答出这个问题了。事情的经过是这样的：我有一个朋友在出版社工作，就是出版了刚才说到的'岩波文库'的那家出版社。我请这个朋友复印了出版社作为资料保存下来的那本书的第一版版本，然后，我怀着亲近感着迷地阅读了《孔乙己》。在这里，由于我希望年轻的日本人能阅读目前在日本很容易得到的这个译作，因此要做一些引用（是筑摩书房出版、由竹内好翻译的《鲁迅文集》第一卷）。刚开始阅读不久，就读到了'我从12岁起，便在镇口的咸亨酒店里当伙计'这一行，于是，记忆便像泉水一般从此处涌流而出。这里所说的镇子，就是经常出现在鲁迅小说里的鲁镇。

"说了这番话语后，叙述者便开始了自己的回忆。而我本人也回想起，最初读到这一节的时候，确实从内心底里这样想道：'啊，我们村里成立了新制中学，这真是太好了。否则，也已经满了12岁的自己就上不成学校，将去某个店铺里当小伙计！'

"1947年，也就是我12岁的时候，阅读了《鲁迅选集》（佐藤春夫、增田涉译）中这两个短小的作品，是作为我进入新制中学的贺礼而从母亲手里得到这个小开本书的。母亲是一个没什么学问的人，可她的一个从孩童时代起就很要好的朋友却前往东京的学校里学习，母亲以此作为自己的骄傲。此人还是女大学生，那阵子，对刚刚被介绍到日本来的中国文学比较关注，并对母亲说起这些情况。我出生那一年（1935年）的年底，母亲一直没能从产后的疲弱中恢复过来，那位朋友便将刚刚出版的岩波文库本赠送给她，母亲好像尤其喜欢其中的'故乡'。然而，两年之后，也就是1937年的7月，日中两军在卢沟桥发生了冲突，日中战争就此开始。那一年的12月，占领了南京的日本军队制造了大屠杀事件。这时，即便在日本农村的小村子里，也已经不再能说起有关中国文学的话题。于是，我母亲便将包括岩波文库本《鲁迅选集》在内的、她那为数不多、却被她所珍视的书籍藏进一个小皮箱里，直至度过整个战争时期。在此期间，我的父亲去世了，我升入中学的希望也越来越遥远了。实际上，也曾听说母亲打算让我去做雇工（住在雇主家里见习的少年雇工），并在某处寻找需要小伙计的店铺。

"1945年，战争结束了，战败了的日本在联合国军的占领下制定了新宪法。就连我们小孩子也都非常清楚地知道，这个新宪法中有个不进行战争、不维持军备的第九条。教育制度也在民主主义原则下得到改革，村子里成立了新制中学，我作为第一届一年级新生升入这座中学，于是，母亲便从皮箱里取出《鲁迅选集》并送给了我。

"我还曾被问道，当时你为什么喜欢《孔乙己》？最近重新阅读这部作品时，发现那位叙述者、也就是咸亨酒店被称之为'样子太傻'的小伙计的那位少年，与自己有相同之处。当那位多少有些学问、却因此招致奚落的贫穷顾客孔乙己就学习问题和自己攀谈时，少年'毫不热心'；但当这位客人落难之时，少年随即也流露出了自己的同情。我意识到，自己的性格与这位少年有相似的地方。

"不过，在持续和反复阅读的过程中，我深为喜爱的作品却变成了《故乡》。尤其是结尾处的文章，每当遇见新的译本，就会抄写在笔记本上，有时还会把那段中文原样抄到纸上，然后贴在租住房间的墙壁。当时我离开了儿时的伙伴，离开了大森林中的家，同时寂寥地想象着将来：我也许不会再住回到这个峡谷里来了吧（实际上，后来也确实如此），随后便第一次来到东京开始了自己生活。

"我还是要引用竹内好翻译的结尾处这一段文章：我想：希望是本无所谓有，无所谓无的。这正如地上的路；其实地上本没有路，走的人多了，也便成了路。

"那么，12岁的我深刻理解了鲁迅的这段话了吗？在这里，我要模仿鲁迅的口吻，认为无所谓已经理解，无所谓没有理解。不过有一点倒是可以确定的，那就是12岁的我从内心里珍视这句话，认为写出这种话语的鲁迅是个了不起的人。在那之后，分别于15岁和

18岁的时候，我又借助新的译本重新阅读了这段话语，就这样加深了自己的理解。现在，我已经71岁了，在稿纸上引用这段话语的同时，我觉察到，依据迄今为止的人生经历，自己确实加深了对这句话语的理解。而且我意识到，自己从内心里相信现在之中有希望，那是鲁迅所说话语的意蕴……

"刚才我说过，依据迄今为止的人生经历，自己确实加深了对这句话语的理解。下面要涉及我个人的话题，请大家允许我说说那些经历中的一个具体事例。我的长子出生时，他的头部有一个很大的、瘤子一般的畸形物。如果不做手术的话，他就不可能存活下去；可如果做了手术，今后也许眼不能见，耳不能听，最终成为植物状态。主治医生就是这样告诉我们的。于是，我就产生了动摇。然而，我的妻子却要求医生立即准备手术。

"手术前，我们为儿子起了一个名字，叫作光（那是祝愿他的眼睛能够看到光明）。手术后，他的眼睛果然能够看到光明，耳朵也能够听见声音，可是，他在智力发育上的迟缓也随之显现出来了。直到5岁的时候，还从不曾说过任何一句话。然而，有一天他似乎对电视机里传出的野鸟叫声表现出了兴趣，我便把灌装了野鸟叫声的唱片转录到录音带上，循环往复，整日里在我们家中播放。首先传出的是野鸟的叫声，片刻之后，便是女播音员的声音。这就是那个录音的顺序。鸟的叫声，鸽子；鸟的叫声，黄莺；鸟的叫声，白脸山雀……这个录音带听了一年之后，我把光带到夏日里避暑用的山间小屋去，当时将他扛在脖颈上漫步在林子里。在林子对面的水塘边，水鸡叫了起来。片刻间，骑坐在我脖颈上的光突然说道：'这是……水鸡。'这就是光使用语言的开始。

"以这个野鸟叫声录音带为契机，让光进行语言训练的会话，就在光与我和妻子之间开始了。后来发展到以钢琴为媒介，训练光回答出音域的名称和调子的特性。从在那片林子里第一次说出人类语言那一天算起，十年之后，光能够创作出短小的曲子了，将这些曲子汇集起来的CD发行后，竟拥有了为数众多的听众。虽然光现在只能说出3岁儿童的语言，可他一直持续着具有丰富内容的作曲工作。

"光的第一次手术结束后，又接受了第二次手术，装上用以保护头盖骨缺损部位的塑料板。经过这一番周折后，光终于回到家里，开始了与我们共生的日子。当时，妻子什么也没说，但是我清楚地知道，她这是决心接受智障的儿子，为了一同生活下去而在积蓄力量。另一方面，我认为自己与光共生的将来是没有希望的。也就是说，就光的症状而言，是不会有任何改善的可能性的。可是，在承认这一切的基础之上，自己决心接受这个孩子，并为之积蓄力量。

"当光通过野鸟录音带的训练而发出人类语言的时候，我觉察到一条希望之路开启了，随着光的CD受到很多人的欢迎，那条希望之路也便成了很多人都在行走的大道。我就是通过这样一些经历，逐渐理解了鲁迅的话语。而且，我现在同样坚信，希望是存在的，那是鲁迅话语的真实意蕴。

"刚才我已经说了，12岁时第一次阅读的鲁迅小说中有关希望的话语，在将近60年的时间内，一直存活于我的身体之中，并在自己的整个人生里显现出重要意义。接下去我想说的是，对于自己也很重要的、与希望并在的另一个话语——未来，以及有关未来这个话语存活在我的身体内部的定义是如何来到的。

"不过在此之前，也就是现在，我必须预先说明一下这样做的理由，也就是我为什么要重新考虑未来这个话语，并决定在大家面前说起这个话题。我不是政治家，也不是实业家，我是一个小说家。也就是说，我没有与国家权利有关联的任何力量，也没有实际驱动政府组织的力量。同时，也没有从事将日本经济与中国经济积极联系起来的工作。

"我是一个无力而又年迈的小说家，只是我认为，小说家是知

大江健三郎传

识分子。这是三年前因白血病而去世的、我多年来的朋友、美国的文学研究家爱德华·萨义德的观点。被称之为学者、新闻工作者、小说家、诗人、音乐家和画家的那些人，在各自的专业领域内，用自己一点点积累起来的知识和技能从事着工作。但是，当他们认为自己所在社会的进程停滞时，就必须离开其专业领域，作为一个对社会、对国家、对世界感到担忧的非专业人士聚集起来并发出自己的声音。因为，这是知识分子的本职。作为一个知识分子，围绕日本社会的进程，我也一直与那些值得信赖的朋友一同发出自己的声音。

"现在，日本与中国的关系并不好。我认为，这是由日本政治家的责任所导致的。我在想，在目前这种状态下，对于日本和中国这两国年轻人之间的未来而言，真正意义上的和解以及建立在该基础之上的合作，当然还有因此而构建出的美好前景，无论怎么说都是非常必要的。于是，我明白了自己想要述说的内容，现在在北京面对着你们、回国后在东京将要面对那里的年轻人进行述说的内容，并为此而做了相应准备。在今天讲话的结尾处，我还会回到那个问题上来。我想说的是，我认为现在日本的政治家（直接说来，就是小泉首相）有关未来这句话语的使用方法是错误的。我想就未来这句话语的使用方法谈谈自己的见解，这句话语的使用方法是我年轻的时候从法国一位大诗人、评论家那里学来、并一直认为是正确的。

"小泉首相有关未来这句话语的使用方法是这样的。今年8月15日，小泉首相参拜了靖国神社。早在两年前，我就在报纸上表示，停止参拜靖国神社是开拓日中关系新道路的第一步。长期以来，还有很多日本知识分子持有和我相同的观点。然而，尽管小泉首相的任期行将结束，作为最后一场演出，他还是参拜了靖国神社。于是，他做了这么一番发言：在海外诸国中（具体说来，就是中国和韩国吧），有些人说是'考虑一下历史吧'。国内那些批判者也是这么说的，他们说是'考虑一下目前国际关系陷入僵局的情况吧'。可是，小泉首相认为自己的指向是未来。较之于过去和现在，自己是以未来作为目标的，是以与那些国家在未来共同构建积极而良好的关系为指向的。这就是小泉首相围绕自己参拜靖国神社这个现在时的行动所做的发言。

"我们日本知识分子也在很认真地倾听着来自海外的批判。现在，不但政府那些领导人的声音，因特网上很多人的声音也直接传了过来。他们把日本在过去那个军国主义时代针对亚洲的侵略作为具体问题，批判日本现在的政治领导人岂止不进行反省和谢罪，还采取了将侵略战争正当化的行动。

"在那种时候，自己竭力忘却过去，在现实中又不负责任，在说到那些国家与日本的关系时，怎么可能构想出未来？日本周围任何一个国家的领导人以及那个国家的民众，又怎么可能信任这位口称'那是自己的未来指向'的日本政治领导人呢？

"对于如此作为的小泉首相的未来指向，我们日本知识分子持有这样的批判态度：这种未来指向最大限度地否定了我们日本这个国家和年轻的日本人本应拥有的真正的未来。

"接下去，我要说说19岁时在大学的教室里为之感动、并将这种感动贯穿自己生涯的、有关定义未来的那些话语。这是在法国引领了20世纪前半叶的大诗人、评论家保尔·瓦莱里于1935年面对母校的中学生们进行讲演时说过的一段话（由于偶然的一致，这也是母亲生了我以后难以恢复的那一年，还是母亲从朋友那里得到当年刚刚出版的《鲁迅选集》那一年。而鲁迅就在那一年的翌年去世了）。我曾将这段话语翻译过来并引用在了自己的小说之中（那是我为了孩子们和年轻人而写的作品，叫作《两百年的孩子》），在这里，我仍然要引用这段话语。瓦莱里是这么说的：我们最为重要的工作（被我翻译为工作的这个法语单词，在瓦莱里的法语中是fonction。我希望你们之中学习法语的同学知道，在古老的文章里也可以将其翻译为职能这个单词），就是创造未来。我们呼吸、摄取营养和四处活动，也都是为了创造未来而进行的劳动。虽说我们生活在现在，细究起来，也是生活在融于现在的未来之中。即便是过去，对于生活于现在并正在迈向未来的我们也是有意义的，无论是回忆也好，后悔也罢……

"有关未来的这个定义做得确实非常出色，因此，我似乎没有必要另外加以说明。我只是想把该讲演中的这一段话语送给北京的年轻人，而且，回到日本后如果得到讲演的机会，也会把今天这段话原样传达给东京那些年轻人。

"下面，我要讲述这一段话语现在在我身上唤起的几个思考，从而结束今天的讲话。首先，我想请大家注意我所引用的瓦莱里这段话的结尾处。我再读一遍，就是'即便是过去，对于生活于现在并正在迈向未来的我们也是有意义的，无论是回忆也好，后悔也罢……'这一处。

"关于过去，唤起回忆也好，后悔也罢，如果确实具有意义的话，那又是怎样一种意义呢？我在这样询问自己（这也是瓦莱里询问作为自己晚辈的那些年轻的法国人、法国的青年和少年的问题，因为这正是面对他们而进行的讲演）。然后，我想出了自己的答案。瓦莱里进行这场演讲那一年，他已经六十四岁了。作为已然如此上了年岁的老人，他本人当然拥有各种各样的回忆。瓦莱里知道，已经步入老境的自己如果只是回顾流逝了的过去，只是回忆年轻时曾有过这样或那样快乐的往事等等，是不可能产生积极意义的，也不可能在自己的人生中产生足以生成新因素的力量。

"那么，后悔又如何呢？自己在年轻时曾做过那般愚蠢的事情，曾对别人干下残酷无情的事情……现在回想起这一切便感到后悔了。只要是一个正常的人，上了年岁后都会想起这样一些往事并为之而后悔。作为一个人来说，这是很自然的。但是，如此这般地后悔就能够产生出积极意义吗？对于生成某种新因素就能够发挥什么作用吗？不还是没有积极意义、不能为生成新因素而发挥作用吗？只是一味沉沦于对过去所做坏事而引发的痛苦、遗憾以及羞愧的回忆之中，后悔自己如果没做下那坏事就好了……

"但是，瓦莱里的思考却已经进入了另一个层次。瓦莱里认为，我们生活于现在，而生活于现在即是在迈向未来；我们现在生活着，呼吸着，摄取着营养并四处活动，这都是为了创造未来而从事的劳动；我们生活于现在，而且有一个非常重要的工作，那就是创造未来；因为，这是为了自己，为了社会，为了国际社会，为了国家，为了世界……

"瓦莱里告诉我们，在这种时候，对过去的回忆才会产生意义，将恢复我们曾经失去的真善美，使得未来比现在更为美好，更加丰厚；在这种时候，后悔也将产生意义，使得未来不会再度出现我们为之悔恨不尽的那些愚蠢的、恐怖的和非人性的事情。也就是说，现在就要开始创造美好的未来。

"我认为这个想法是非常正确的，我从内心里想把这些话语赠送给北京的年轻人、甚至尚处于孩子年龄的你们。同时，我也想把这些话语赠送给东京那些年轻人、甚至尚处于孩子年龄的他们。

"现在，日本与中国的外交关系以及日本人与中国人在精神领域非常重要的深处的关系，究竟出现了哪些恶变？出现了哪些具体而直接的恶变？那就是日本的政治领导人不愿意重新认识侵略中国和对中国人民干下极为残暴之事的历史并毫无谢罪之意。岂止如此，他们的行为还显示出了与承认历史和进行谢罪完全相悖的思维。小泉首相在今年8月15日进行的参拜，就显示出了这种思维。其实，较之于小泉首相本人一意孤行的行为，我觉得更为可怕的，是在小泉首相参拜靖国神社之后，由日本几家大报所做的舆论调查报告显示，认为小泉首相参拜靖国神社挺好的声音竟占了将近50%。

"小泉首相很快就要离开政权，作为其最后的演出，他于8月15日参拜了靖国神社。可那已经是过去的事情，作为已经过去的事物，挺好！很多日本人也许是以过去时态发出了这种支持的声音。然而，我却无法忘却瓦莱里所说的那些话语——人们现在所做的一切，都是在创造未来，准备未来。我是一个已然七十一岁的老年小说家，我深为不远之未来的日本人的命运而忧虑，尽管那时像我这样的老人已经不在人世。而且，我，还有我们，被一种巨大的悔恨所压倒，那就是没能在日本与中国、日本人与中国人之间的关系这个问题上达到目的并迎来巨大转机。

"然而，你们是年轻的中国人，较之于过去，较之于当下的现在，你们在未来将要生活得更为长久。我回到东京后打算对其进行讲演的那些年轻的日本人，也是属于同一个未来的人们。与我这样的老人不同，你们必须一直朝向未来生活下去。假如那个未来充满黑暗、恐怖和非人性，那么，在那个未来世界里必须承受最大苦难的，只能是年轻的你们。因此，你们必须在当下的现在创造出明亮、生动、确实体现出人的尊严的未来，而非前面说到的那个充满黑暗、恐怖和非人性的未来。我憧憬着这一切，确信这个憧憬将得以实现。为了把这个憧憬和确信告诉北京的年轻人以及东京的年轻人，便把这尊老迈之躯运到北京来了。之所以这么做，是因为已然七十一岁的日本小说家，要把自己现在仍然坚信鲁迅那些话语的心情传达给你们。七十年前去世的鲁迅显然是二十世纪最伟大的小说家之一。我和你们约定，回到东京以后，我会去做与今天相同的讲演。

"唯有北京的你们这些年轻人与东京的那些年轻人实现真正意义上的和解，并在此基础上展开友好合作之时，鲁迅的这些话语才能成为现实。请大家现在就来创造那个未来！我想：希望是本无所谓有，无所谓无的。这正如地上的路；其实地上本没有路，走的人多了，也便成了路。"

附

录

大江健三郎生平

大江健三郎（1935～）日本作家。1935年1月31日，大江健三郎出生于日本四国岛的爱媛县喜多郡大濑村，在七兄弟中排行老三。1941年入大濑国民学校就读，1944年丧父。战争结束后，大江健三郎于1947年进入战后设立的新制中学——大濑中学接受民主主义教育，并以同年5月颁布的新宪法作为自己的道德规范。

1950年入县立内子高中，翌年转入县立松山东高中，在校期间编辑学生文艺杂志《掌上》。

1955年入东京大学法文专业，在渡边一夫教授的影响下开始阅读萨特的法文原作。同时大江健三郎积极从事文学活动，于1957年5月在《东京大学新闻》上发表《奇妙的工作》并获该报"五月祭奖"。在这一年里，大江健三郎还相继发表了习作《死者的奢华》、《人羊》和《他人的脚》等短篇小说，其中《死者的奢华》被荐为"芥川奖"候选作品，著名作家川端康成称赞该作品显现出作者"异常的才能"。

1959年3月，大江健三郎完成学业，从东京大学法文专业毕业，其毕业论文为《论萨特小说里的形象》。同年，他接连发表了长篇小说《我们的时代》和随笔《我们的性的世界》等作品。

1960年2月，大江健三郎与著名电影导演伊丹万作的长女伊丹由佳里结婚，积极参加"安保批判之会"和"青年日本之会"的活动，明确表示反对日本与美国缔结安全保障条约，并因此与石原慎太郎和江藤淳等人严重对立。在这一年里，大江健三郎还发表了长篇小说《青年的污名》，虚构性自传体长篇小说《迟到的青年》也于9月开始在《新潮》杂志连载。大江健三郎在这一时期的作品大多具有较浓厚的民主主义色彩，反映出作者对社会和人生的思索。

1994年瑞典文学院以其作品《个人的体验》、《万延元年的足球队》授予大江健三郎诺贝尔文学奖。瑞典文学院宣布，日本文学家大江健三郎以"诗的力量创造了一个想象的世界，并在这个想象的世界中将生命和神话凝聚在一起，刻画了当代人的困惑和不安"，认为大江健三郎"深受以但丁、巴尔扎克、艾略特和萨特为代表的西方文化的影响"，"开拓了战后日本小说的新领域，并以撞击的手法，勾勒出当代人生百味"，因此决定授予他诺贝尔文学奖。大江健三郎成为第二位获得诺贝尔文学奖的日本作家。

获奖辞

灾难性的二次大战期间，我在一片森林里度过了孩童时代。那片森林位于日本列岛中的四国岛上，离这里有万里之遥。当时，有两本书占据了我的内心世界，那就是《哈克贝里·芬历险记》和《尼尔斯历险记》（《骑鹅旅行记》）。

通过阅读《哈克贝里·芬历险记》，孩童时代的我为自己的行为找到了合法化的依据。我发现，在恐怖笼罩着世界的那个时代，与其待在峡谷间那座狭小的房屋里过夜，倒不如来到森林里，在树木的簇拥下进入梦乡更为安逸。而《尼尔斯历险记》中的少年，则变成了一个小不点儿，他能够听懂鸟类的语言，并进行了一次充满冒险的旅行。在这个故事中，我感受到若干层次的官能性的愉悦。首先，由于像祖先那样长年生活在小岛茂密的森林里，自己天真而又固执地相信，这个大自然中的真实的世界以及生活于其中的方式，都像故事中所描绘的那样获得了解放。这，就是第一个层次的愉悦。其次，在横越瑞典的旅行中，尼尔斯与朋友（野鹅）们相互帮助，并为他们而战斗，使自己淘气的性格得以改造，成为纯洁的、充满自信而又谦虚的人。这是愉悦的第二个层次。终于回到了家乡的尼尔斯，呼喊着家中思念已久的双亲。或许可以说，最高层次的愉悦，正在那呼喊声中。我觉得，自己也在同尼尔斯一起发出那声声呼喊，因而感受到一种被净化了的高尚的情感。如果借助法语来进行表达，那是这样一种呼喊："Maman，Papa！Je suis grand je suis de nouveau unhomme！"。

他这样喊道：——妈妈、爸爸，我长大了，我又回到了人间！

深深打动了我的那个句子，是"Je suis de nouveau un homme！"随着年龄的增长，我继续体验着持久的苦难，这些苦难来自生活的方方面面，从家庭内部，到与日本社会的联系，乃至我在20世纪后半叶的总的生活方式。我将自己的体验写成小说，并通过这种方式活在世上。在这一过程中，我时常用近乎叹息的口吻重复着那声呼喊："Je suis de nouveau un homme！"

可能有不少女士和先生认为，像这样絮叨私事，与我现在站立的场所和时间是不相宜的，可是，我在文学上最基本的风格，就是从个人的具体性出发，力图将它们与社会、国家和世界连接起来。现在，谨请允许我稍稍讲述有关个人的话题。

半个世纪之前，身为森林里的孩子，我在阅读尼尔斯的故事时，从中感受到了两个预言。一个是不久后自己也将能够听懂鸟类的语言，另一个则是自己也将会与亲爱的野鹅结伴而行，从空中飞往遥远而又令人神往的斯堪的纳维亚半岛。结婚后，我们所生的第一个孩子是个弱智儿。根据Light这个英语单词的含义，我们替他取名为光。幼年时，他只对鸟的歌声有所知觉，而对人类的声音和语言却全然没有反应。在他六岁那年夏天，我们去了山中小屋，当听见小鸡的叫声从树丛对面的湖上传来时，他竟以野鸟叫声唱片中解说者的语调说道："这是……水鸡。"这是孩子第一次用人类的语言说出的话语。从此，他与我们之间用语言进行的思想交流开始了。

目前，光在为残疾人设立的职业培训所工作，这是我国以瑞典为模式兴办的福利事业，同时还一直在作曲。把他与人类所创造的音乐结合起来，首先是小鸟的歌声。难道说，光替父亲实现了听懂小鸟的语言这一预言？

在我的生涯中，我的妻子发挥了极为丰富的女性力量，她是尼

大江健三郎传

163

尔斯的那只名叫阿克的野鹅的化身。现在，我同她结伴而行，飞到了斯德哥尔摩。

第一个站在这里的日语作家川端康成，曾在此发表过题为《美丽的日本的我》的讲演。这一讲演极为美丽，同时也极为暧昧。我现在使用的英语单词vague，即相当于日语中"暧昧的"这一形容词。我之所以特意提出这一点，是因为用英语翻译"暧昧"这个日语单词时，可以有若干译法。川端或许有意识地选择了"暧昧"，并且预先用讲演的标题来进行提示。这是通过日语中"美丽的日本的我"里"的"这个助词的功能来体现的。

我们可以认为，这个标题首先意味着"我"从属于"美丽的日本"，同时也在提示，"我"与"美丽的日本"同格。川端的译者、一位研究日本文学的美国人将这一标题译成了这样的英语《Japan，the Beautiful，and Myself》。虽说把这个句子再译回到普通的日语，就是"美丽的日本与我"，但却未必可以认为，刚才提到的那位娴熟的英译者是一个背叛原作的翻译者。

通过这一标题，川端表现出了独特的神秘主义。不仅在日本，更广泛地说，在整个东方范围内，都让人们感受到了这种神秘主义。之所以说那是独特的，是因为他为了表现出生活于现代的自我的内心世界，而借助"独特的"这一禅的形式，引用了中世纪禅僧的和歌。而且大致说来，这些和歌都强调语言不可能表现真理，语言是封闭的。这些禅僧的和歌使得人们无法期待这种语言向自己传递信息，只能主动舍弃自我，参与到封闭的语言之中去，非此则不能理解或产生共鸣。

在斯德哥尔摩的听众面前，川端为什么要朗诵诸如此类的和歌呢？而且还是用的日语。我敬佩这位优秀艺术家的态度，在晚年，他直率地表白了勇敢的信条。作为小说家，在经历了长年的劳作之后，川端迷上了这些主动拒绝理解的和歌，因而只能借助此类表白，讲述自己所生存的世界与文学，即《美丽的日本的我》。

而且，川端是这样结束讲演的：有人评论说我的作品是虚无的，可它却并不等于西方所说的虚无主义，我觉得这在"心灵"上，根本是不相同的，道元的四季歌命题为《本来面目》，一方面歌颂四季的美，另一方面强烈地反映了禅宗的哲理。我觉得，这里就有直率和勇敢的自我主张。他认为。虽然自己植根于东方古典世界的禅的思想和审美情趣之中，却并不属于虚无主义。川端特别提出这一点，是在向阿尔弗雷德·诺贝尔寄予信赖和希望的未来的人类发出心底的呼喊。坦率地说，与26年前站立在这里的同胞相比，我感到71年前获奖的那位爱尔兰诗人威廉·勃特勒·叶芝更为可亲。当时，他和我年龄相仿。当然，我并不是故意把自己与这位天才相提并论。正如威廉·布莱克——叶芝使他的作品在21世纪得以复兴——所赞颂的那样："如同闪电一般，横扫欧亚两洲，再越过中国，还有日本。"我只是一位谦卑的弟子，在离他的国度非常遥远的土地上，我说了以上这番话。

现在，我总结自己作为小说家的一生而写作的三部曲已经脱稿，这部作品的书名，即取自于他的一部重要诗作中的一节："从树梢的枝头，一半全是辉耀着的火焰/另一半全是绿色/这是一株被露水湿润了的丰茂的大树。"他的全部诗集，在这部作品的每一处都投下了透彻的影子。为祝贺大诗人威·勃·叶芝获奖，爱尔兰上院提出的决议案演说中，有这样一段话："由于您的力量，我们的文明得以被世界所评价……您的文学极为珍贵，在破坏性的盲信中守护了人类的理智……"

倘若可能，为了我国的文明，为了不是因为文学和哲学，而是通过电子工程学和汽车生产工艺学而为世界所知的我国的文明，我希望能够起到叶芝的作用。在并不遥远的过去，那种破坏性的盲信，曾践踏了国内和周边国家的人民的理智。而我，则是拥有这种历史的国家的一位国民。

作为生活于现在这种时代的人，作为被这样的历史打上痛苦烙印的回忆者，我无法和川端一同喊出"美丽的日本的我"。刚才，在谈论川端的暧昧时，我使用了vague这一英语单词，现在我仍然要遵从英语圈的大诗人凯思琳·雷恩所下的定义——"是ambiguous，而不是vague"，希望把日语中相同的暧昧译成ambiguous。因为，在谈论到自己时，我只能用"暧昧的日本的我"来表达。

我觉得，日本现在仍然持续着开国120年以来的现代化进程，正从根本上被置于暧昧（ambiguity）的两极之间。而我，身为被刻上了伤口般深深印痕的小说家，就生活在这种暧昧之中。

把国家和国人撕裂开来的这种强大而又锐利的暧昧，正在日本和日本人之间以多种形式表面化。日本的现代化，被定性为一味地向西欧模仿。然而，日本却位于亚洲，日本人也在坚定、持续地守护着传统文化。暧昧的进程，使得日本在亚洲扮演了侵略者的角色。而面向西欧全方位开放的现代日本文化，却并没有因此而得到西欧的理解，或者至少可以说，理解被滞后了，遗留下了阴暗的一面。在亚洲，不仅在政治方面，就是在社会和文化方面，日本也越发处于孤立的境地。

就日本现代文学而言，那些最为自觉和诚实的"战后文学者"，即在那场大战后背负着战争创伤、同时也在渴望新生的作家群，力图填平与西欧先进国家以及非洲和拉丁美洲诸国间的深深沟壑。而在亚洲地区，他们则对日本军队的非人行为做了痛苦的赎罪，并以此为基础，从内心深处祈求和解。我志愿站在了表现出这种姿态的作家们的行列的最末尾，直至今日。

现代日本无论作为国家或是个人的现状，都孕育着双重性。在近、现代化的历史上，这种近、现代化同时也带来了它的弊端，即太平洋战争。以大约50年前的战败为契机，正如"战后文学者"作为当事人所表现出来的那样，日本和日本人在极其悲惨和痛苦的境况中又重新出发了。支撑着日本人走向新生的，是民主主义和放弃战争的誓言，这也是新的日本人最根本的道德观念。然而，蕴含着这种道德观念的个人和社会，却并不是纯洁和清白的。作为曾践踏了亚洲的侵略者，他们染上了历史的污垢。而且，遭受了人类第一次核攻击的广岛和长崎的那些死者们，那些染上了放射病的幸存者们，那些从父母处遗传了这种放射病的第二代的患者们（除了日本人，还包括众多以朝鲜语为母语的不幸者），也在不断地审视着我们的道德观念。

现在，国际社会有一种批评，认为日本这个国家对于在联合国恢复军事作用以维护世界和平持消极态度。这些言论灌满了我们的耳朵。然而，日本为重新出发而制定的宪法的核心，就是发誓放弃战争，这也是很有必要的。作为走向新生的道德观念的基础，日本人痛定思痛，选择了放弃战争的原则。

西欧有着悠久传统——对那些拒绝服兵役者，人们会在良心上持宽容的态度。在那里，这种放弃战争的选择，难道不正是一种最容易理解的思想吗？如果把这种放弃战争的誓言从日本国的宪法中删去——为达到这一目的的策动，在国内时有发生，其中不乏试图利用国际上的所谓外来压力的策动——无疑将是对亚洲和广岛、长崎的牺牲者们最彻底的背叛。身为小说家，我不得不想象，在这之后，还会接二连三地发生何种残忍的新的背叛。

支撑着现有宪法的市民感情超越了民主主义原理，把绝对价值置于更高的位置。在长达半个世纪之久的民主主义宪法下，与其说这种情感值得感怀，莫如说它更为现实地存续了下来。假如日本人再次将另一种原理制度化，用以取代战后重新出发的道德规范，那么，我们为在崩溃了的现代化废墟上建立具有普遍意义的人性而进行的祈祷，也就只能变得徒劳无益了。作为一个人，我没法不去想象这一切。

另一方面，日本经济的极其繁荣——尽管从世界经济的构想和环境保护的角度考虑，这种繁荣正孕育着种种危险的胎芽——使得日本人在近、现代化进程中培育出的慢性病一般的暧昧急剧膨胀，并呈现出更加新异的形态。关于这一点，国际社会的批评之眼所看到的，远比我们在国内所感觉到的更为清晰。如同在战后忍受着赤贫，没有失去走向复兴的希望那样，日本人现在正从异常的繁荣下竭力挺起身子，忍受着对前途的巨大担忧，尽管这种说法有些奇妙。我们可以认为，日本的繁荣，有赖于亚洲经济领域内的生产和消费这两股潜在势力的增加，这种繁荣正不断呈现出新的形态。

在这样的时代，我们所希望创作的严肃文学，与反映东京泛滥的消费文化和世界性从属文化的小说大相径庭，那么，我们又该如何界定我们日本人自身呢？

奥登为小说家下了这样的定义：他们"在正直的人群中正直，／在污浊中污浊，／如果可能，／须以羸弱之身，／在钝痛中承受，／人类所有的苦难。"我长年过着这种职业作家的生活，已然形成了自己的"生活习惯"（弗兰纳里·奥康纳语）。

为了界定理想的日本人形象，我想从乔治·奥威尔时常使用的形容词中挑选"正派的"一词。奥威尔常用这词以及诸如"仁慈的""明智的""整洁的"等词来形容自己特别喜爱的人物形象。这些使人误以为十分简单的形容词，完全可以衬托我在"暧昧的日本的我"这一句子中所使用的"暧昧"一词，并与它形成鲜明的对照。从外部所看到的日本人形象，与日本人所希望呈现的形象之间，存在着显而易见的差异。

倘若我将"正派的"人这一日本人的形象，与法语中"人道主义者"的日本人这一表现重叠起来使用的话，我希望奥威尔不会提出异议，因为这两个词都含有宽容和人性之义。不过，我们确实有一位前辈不辞辛劳，为造就这样的日本人而付出了艰辛的努力。

他，就是研究法国文艺复兴时期文学和思想的学者渡边一夫。在大战爆发前夕和激烈进行中的那种爱国狂热里，渡边尽管独自苦恼，却仍梦想着要将人文主义者的人际观，融入自己未曾舍弃的日本传统美意识和自然观中去，这是不同于川端的"美丽的日本"的另一种观念。

与其他国家为实现近、现代化而不顾一切的做法不同，日本的知识分子以一种相互影响的复杂方法，试图在很深的程度上把西欧同他们的岛国连接起来。这是一项非常辛苦的劳作，却也充满了喜悦。尤其是渡边一夫所进行的弗朗索瓦·拉伯雷研究，更是取得了丰硕的成果。

年轻的渡边在大战前曾在巴黎留学，当他对自己的导师表明了要将拉伯雷译介到日本去的决心时，那位老练的法国人给这位野心勃勃的日本青年下了这样的评价："L' enCtreprise inouie de la traduction de l' in traduisible Rabelais"即"要把不可翻译的拉伯雷译为日语，这可是前所未闻的企图"。另一位惊讶的帮腔者则更为直率地说道："Belle entreprise Pantagrueline"，即"这是庞大固埃式的、了不起的企图"。然而，在大战和被占领期间的贫困、窘迫之中，渡边一夫不仅完成了这项伟大的工程，而且还竭尽所能，把拉伯雷之前的、与拉伯雷并驾齐驱的，还有继他之后的各种各样的人文学者的生平和思想，移植到了处于混乱时期的日本。

我是渡边一夫在人生和文学方面的弟子。从渡边那里，我以两种形式接受了决定性的影响。其一是小说。在渡边有关拉伯雷的译著中，我具体学习和体验了米哈伊尔·巴赫金所提出并理论化了的"荒诞现实主义或大众笑文化的形象系统"——物质性和肉体性原理的重要程度；宇宙性、社会性、肉体性等诸要素的紧密结合；死亡与再生情结的重合；还有公然推翻上下关系所引起的哄笑。

正是这些形象系统，使我得以植根于我置身的边缘的日本乃至更为边缘的土地，同时开拓出一条到达和表现普遍性的道路。不久后，这些系统还把我同韩国的金芝河、中国的莫言等结合在了一起。这种结合的基础，是亚洲这块土地上一直存续着的某种暗示——自古以来就似曾相识的感觉。当然，我所说的亚洲，并不是作为新兴经济势力受到宠爱的亚洲，而是蕴含着持久的贫困和混沌的富庶的亚洲。在我看来，文学的世界性，首先应该建立在这种具体的联系之中。为争取一位韩国优秀诗人的政治自由，我曾参加过一次绝食斗争。现在，我则对中国那些非常优秀的小说家们的命运表示关注。渡边给予我的另一个影响，是人文主义思想。我把与米兰·昆德拉所说的"小说的精神"相重复的欧洲精神，作为一个有生气的整体接受了下来。像是要团团围住拉伯雷一般，渡边还写了易于读解的史料性评传。他的评传涵盖了伊拉斯谟和塞巴斯齐昂·卡斯泰利勇等人文学者，甚至还包括从围绕着亨利四世的玛尔戈王后到伽布利埃尔·黛托莱的诸多女性。就这样，渡边向日本人介绍了最具人性的人文主义，尤其是宽容的宝贵、人类的信仰，以及人类易于成为自己制造的机械的奴隶等观念。

他勤奋努力，传播了丹麦伟大语法学家克利斯托夫·尼罗普的名言"不抗议（战争）的人，则是同谋者"，使之成为时事性的警句。渡边一夫通过把人文主义这种包孕着诸多思想的西欧母胎移植到日本，而大胆尝试了"前所未闻的企图"，确实是一位"宠大固埃式的、了不起的企图"的人。作为渡边的人文主义的弟子，我希望通过自己这份小说家的工作，能使那些用语言进行表达的人及其接受者，从个人和时代的痛苦中共同恢复过来，并使他们各自心灵上的创伤得到医治。我刚才说过被日本人的暧昧"撕裂开来"这句话，因而我在文学上做出了不懈的努力，力图医治和恢复这些痛苦和创伤。这种工作也是对共同拥有日语的同胞和朋友们确定相同方向而作的祈祷。

让我们重新回到个人的话题上来吧。我那个在智力上存在着障碍、却存活下来的孩子，在小鸟的歌声中走向巴赫和莫扎特的音乐世界，并在其中成长，终于开始创作自己的乐曲。我认为，他最初的小小作品，无异于小草叶片上闪烁着的耀眼的露珠，充满新鲜的亮光和喜悦。纯洁一词好像由in和nocea组合而成，即没有瑕疵。光的音乐，的确是作曲家本人纯真的自然流露。

然而，当光进一步进行音乐创作时，作为父亲，我却从他的音乐中清晰地听到了"阴暗灵魂的哭喊声"。智力发育滞后的孩子尽了最大努力，以使自己"人生的习惯"——作曲，得以在技术上发展和构思上深化。这件事的本身，也使得他发现了自己心灵深处尚未用语言触摸过的、黑暗和悲哀的硬结。

而且，"阴暗灵魂的哭喊声"被作为音乐而美妙地加以表现这一行为本身，也在明显地医治和恢复他那黑暗和悲哀的硬结。作为使那些生活在同时代的听众得到医治和恢复的音乐，光的作品已经被广泛接受。从艺术的这种不可思议的治愈力中，我找到了相信这一切的依据。

我无须仔细进行验证，只是遵循这一信条，希望能够探寻到一种方法——如果可能，将以自己的羸弱之身，在20世纪，于钝痛中接受那些在科学技术与交通的畸形发展中积累的被害者们的苦难。我还在考虑，作为一个置身于世界边缘的人，如何从自己的意愿出发展望世界，并对全体人类的医治与和解做出高尚的和人文主义的贡献。

获奖时代背景

1994年10月13日，瑞典文学院宣布，将今年的诺贝尔文学奖授予日本作家大江健三郎。对于大江获奖，瑞典文学院宣称，大江"以诗的力度构筑了一个幻想世界，浓缩了现实生活与寓言，刻画了当代人的困扰与怅惘"，强调大江"深受以但丁、巴尔扎克、艾略特和萨特为代表的西方文化的影响"，"通晓西方现代派传统，开拓了战后日本小说的新领域，并以撞击的笔触，勾勒出当代的人生况味"。日本文艺评论家则认为，26年前川端以日本古典抒情美，令西方人士耳目一新；大江则以西方现代派风格与国际接轨，博得评委的青睐。

大江的前期作品受法国存在主义作家萨特的影响，后期对美国作家诺曼·梅勒所鼓吹的观点产生共鸣，并借鉴结构主义进行创作尝试。1957年，他在东京大学学习期间以《奇妙的工作》在文坛脱颖而出，被文艺评论家平野谦誉为"当代艺术性很高的作品"。短篇小说《死者的骄傲》，为他赢得了"学生作家""川端康成第二"等美称，美国作家亨利·米勒甚至说大江是日本的陀思妥耶夫斯基。

获奖时，大江正在执笔系列小说《烈火中的绿树》的最后一部《伟大岁月》，前两部《直到救世主被殴打之前》和《动荡不安的侵犯》已先后发表。大江的长子1994年为31岁，呱呱坠地时患脑功能障碍，他在父母精心照料和关怀下，潜心学习作曲，已于前年推出第一张激光唱片。大江对长子的骨肉情深，在《个人体验》和《烈火中的绿树》中都有所描写。它所含的内在文化隐喻，在于蕴寓其中起主导作用的身遇不幸而顽强挺住的悲壮，以及人与人之间由精神、情感、品味汇聚而成的一缕胸襟。这也是他获奖的一个缘由。

大江健三郎年表

1935年1月31日，出生于日本爱媛县喜多郡大濑村（今内子町大濑），父大江好太郎。兄妹七人，兄弟间排行第三。

1941年4月，入大濑国民学校读书。

1947年3月，大濑小学毕业。4月，入大濑中学。1950年3月，初中毕业。4月，入爱媛县县立内子高中。

1951年4月，转学到爱媛县立松山东高中。编辑学生文艺杂志《掌上》。与电影导演伊丹万作之子伊丹十三结成至交。

1953年3月，高中毕业，赴东京参加大学考试。入补习学校一年，准备大学考试。到东京后不久，参观代代木日本共产党总部。

1954年4月，考入东京大学文科。9月，创作话剧剧本《苍天哀叹》。

1955年9月，在东京大学教养学部（基础教育部）学生杂志《学园》上发表作品《火山》，获银杏并木奖。创作剧本《夏日休假》。

1956年4月，升入东京大学法国文学专业。1957年5月，在《东京大学新闻》上发表《奇妙的工作》受著名评论家荒正人举荐，获"五月祭奖"。8月，短篇小说《死者的奢侈》在《文学界》上发表，成为日本纯文学界最重要的"芥川文学奖"的候选作，著名作家川端康成称赞这个短篇显示了作者"异常的才能"。

1958年1月，中篇小说《饲育》发表于《文学界》。2月，发表短篇小说《人羊》、《搬运》。短篇小说集《死者的奢侈》由文艺春秋新社出版。6月，发表长篇小说《掐芽杀崽》、短篇小说《看之前就跳》；讲谈社出版《掐芽杀崽》。7月，发表短篇《黑暗的河沉重的桨》；《饲育》获当年第三十九届"芥川文学奖"。10月，新潮社出版短篇小说集《看之前就跳》。因突然开始作家生活，写作过于紧张，服用安眠药过度，几至中毒。

1959年1月，开始连载《夜啊，你慢慢地走》。7月，中央公论社出版长篇小说《我们的时代》。8月，《文学界》连载《青年的坏名声》。9月，中央公论社出版《夜啊，你慢慢地走》。10月，结识青年音乐家武彻满，对其日后的创作产生影响。

1960年1月，《勇敢士兵的弟弟》。创作广播剧本《昏暗的镜子》；5月，新潮社出版短篇小说集《孤独青年的休假》。6月，文艺春秋新社出版《青年的坏名声》；筑摩书房出版新锐文学丛书《大江健三郎集》。9月，《新潮》连载自传体长篇小说《迟到的青年》。

1961年1月，发表《十七岁》。2月，发表续篇《政治少年之死》。

1962年1月，新潮社出版《迟到的青年》。5月，发表短篇小说《欲求不满》；随笔《对性犯罪者的关心》。8月，新潮社出版游记及对谈集《世界的年轻人》。11月，发表中篇小说《呼救声》；每日新闻社出版游记《欧洲的呼唤·我们的呼唤》。

1964年4月，文艺春秋新社出版《日常生活的冒险》。11月，《个人的体验》获第十一届新潮社文学奖。

1965年6月，发表《冲绳的战后世代》；岩波新书出版《广岛札记》。

1966年4月，新潮社出版《大江健三郎全作品集》6卷。

1967年1月，《群像》连载长篇小说《万延元年的足球》（7月完）。

1968年2月,《文艺》连载《靠打猎生存的祖先》。10月,文艺春秋新社出版第二部随笔集《矢志不渝》。

1969年4月,新潮社出版中短篇小说集《请指给我们疯狂地活下去的路》。7月,次子樱麻出生。

1970年7月,新潮社出版讲演集《核时代的想象力》。

1972年1月至翌年2月,《群像》连载长篇评论《同时代的战后论》。2月,文艺春秋出版随笔集《鲸鱼灭绝的日子》。

1973年2月至翌年1月,《群像》连载《进入状况》。讲谈社出版《同时代的战后论》。9月,新潮社出版《洪水涌上我的灵魂》(上、下)。12月,《洪水涌上我的灵魂》获第二十六届野间文艺奖。

1976年5月,新潮社出版《凭借语言状况·文学》(合编)。10月,新潮社出版《替补队员手记》。

1977年9月至翌年2月,新潮出版《大江健三郎全作品》第2期·全六卷,各卷末附评论《我的缓刑期》。

1978年1月起,两年内担任《朝日新闻》的《文艺时评》主笔。

1979年1月,发表《想象中的柳田国男》。11月,新潮社出版《同时代游戏》。

1980年6月,岩波书店出版短篇小说集《现代传奇集》。11月至翌年8月,出版著者自编《大江健三郎同时代论集》(共十卷)。

1984年12月,文艺春秋社出版《舶口何杀死树》。

1986年10月,岩波书店出版长篇小说《MBT与森林神奇故事》。

1987年2月,出席莫斯科和平圆桌会议。9月,发表在巴黎、东京讲演的基础上改写的评论《(明暗)的构造》和《渡边一夫的今日性》。10月,讲谈社出版长篇小说《致令人难忘的岁月》。

1988年1月,岩波书店出版评论《为了新的文学》。5月,讲谈社出版评论集《最后的小说》。9月，岩波书店出版长篇小说《吉尔普军团》。10月，在比利时鲁本大学讲演。发表《梦里的师傅》。新潮盒式录音带、讲演《时代与小说·一个无信仰者的祈祷》发行。

1989年1月，发表《人生亲戚》。4月，新潮社出版首次以女性为主人公的长篇小说《人生亲戚》。翌年获得伊藤奖。获欧洲共同体设立的犹罗帕利文学奖。同年，《万延元年的足球》瑞典文版出版。7月，发表小说《再会，我最后的和平》。

1990年1月，参加加利福尼亚大学桑蒂哥分校的研讨会。发表《治疗塔下》。岩波书店出版《治疗塔》。6月，发表《自动偶人的噩梦》。7月，发表《小说的悲哀》。9月，发表新井敏记采访专辑（三部）第一部《最初的小说为了新的小说家》，10月，第二部《最初的困难为了新的小说家》；10月讲谈社出版小说集《静谧的生活》。重任芥川奖评选委员。11月，发表第三部《最初的模式为了新的小说家》。

1991年11月，岩波书店出版《治疗塔》续篇《治疗行星》。12月，日本广播出版协会出版《广岛的"生命树"》。

1992年4月，担任《朝日新闻》"文艺时评"栏专栏作家，持续至1994年3月，所撰评论表示出对中国"文革"后文学的关注，认为从中国青年作家莫言等的小说日译本可以看出潜藏着破坏旧文体的力量。5月，讲谈社出版《我那时真年轻》。9月，岩波书店出版《人生习惯》。长子大江光的CD《大江光的音乐》发行。

1993年6月，《请指给我们疯狂地活下去的路》在意大利获蒙特罗奖。11月，新潮社出版《等到救世主挨揍的那一天·燃烧的绿树》第一部。12月，岩波书店出版随笔集《新年的问好》。

1994年8月，新潮社出版《天摇地动·燃烧的绿树》第二部。10月13日获诺贝尔文学奖。拒绝接受日本政府拟议颁发的文化勋章，引起社会争论。12月，发表诺贝尔获奖纪念讲演《暧昧的日本的我》。《个人的体验》由朝日新闻社出版。

1995年1月，发表与安江良介对谈《难改初衷》。岩波新作《暧昧的日本的我》出版。获得朝日奖。2月，讲谈社出版随笔集《康复的家族》。3月，新潮社出版《大大的太阳·燃烧的绿树》第三部。

1996年1月，岩波书店出版讲演集《来自日本的"我"的信》。4月，讲谈社出版随笔集《松缓的羁绊》。5月，新潮社开始出版十卷本《大江健三郎小说》。

1997年5月，回国。在美期间开始创作长篇小说《空翻》。

1998年4月，新潮社出版《我这个小说家的创作方法》。

1999年6月，讲谈社出版长篇小说《空翻》（上、下）。从11月起，赴德国柏林大学任客座教授，讲授《日本作家的现实》。

2000年6月8日，被哈佛大学授予名誉文学博士称号。10月，在《周刊朝日》上连载《在自己的"树"下》。12月，讲谈社出版《换孩子》。

2001年3月16日，与三木睦子等共同发表声明，要求对"新历史教科书编撰会"的"教科书"做出不合格的鉴定。

2002年2月，《朝日新闻》发表《与萨义德的通信》。4月，日本NHK播放与中国作家莫言对话《文学应该给人光明》。

获奖当年世界大事记

（1994年）

2月17日，美洲国家组织17-19日在墨西哥城举行特别大会，34个美洲国家的外长、副外长或代表出席，签署了加强地区和共同克服贫困的文件。

4月26—29日，曼德拉就任南非总统。

6月18日—7月17日，第15届世界杯足球赛成功举行。第15届世界杯足球赛在美国举行，来自五大洲的24支球队参加角逐。巴西队力挫群雄捧走金杯，成为历史上第一支四次夺得世界杯冠军的球队。

7月8日，朝鲜劳动党中央总书记、国家主席金日成逝世，享年82岁。

7月16—22日，彗星和木星相撞。一颗名为苏梅克·列维9号的彗星断裂，21块碎片相继撞击木星，总撞击能量相当于40万亿吨TNT的爆炸当量，其中最大碎片撞击产生的烈焰高达1600公里。这是人类第一次观测到大规模的天体相撞。

7月31日，海地危机爆发。

8月月15日，15个非洲国家领导人在坦桑尼亚举行特别仪式，正式宣布解散非统组织解放委员会。

9月20日，亚美尼亚总统彼得罗相访问罗马尼亚，双方签署友好关系和合作条约。圣马力诺大议会选举天主教民主党人伦佐·吉奥蒂和社会党人卢恰诺·恰瓦塔共同担任国家元首。

11月15日，亚太经济合作组织通过《茂物宣言》。第二届亚太经济合作组织（APEC）领导人非正式会议在印度尼西亚首都雅加达附近的茂物举行12月8日，东南非22国首脑会议8-9日在马拉维首都利隆圭举行，会议批准成立东南非共同市场。